VATER!

Anselm Maria Sellen

edition dreiklein

Inhaltsverzeichnis

Für meine Kinder

Kellerkind

Es ist früh. Und ich stehe nackt im Keller. In der einen Hand eine Gitarre und in der anderen ein Glas Senf. Und ich weiß ganz genau: „Irgendwas wollte ich hier." Oben rufen Helena und die Kinder wild durcheinander. Ich hatte einen Auftrag und wahrscheinlich hatte der irgendetwas mit dem Geschrei dort oben zu tun. Ich kämpfe die Panik nieder und setze mich auf eine Plastikkiste mit der Aufschrift „146/152". Was hat das alles zu bedeuten? Ich stelle das Glas Senf neben mich und fange an, ein paar Töne auf der Gitarre zu zupfen. Irgendwer dort oben brüllt nach mir. Es hat etwas mit Schule und Broten zu tun. Es wird immer geheimnisvoller.

Ich betrachte die Ordnung um mich herum. Ganz offensichtlich verstaut Helena unser Hab und Gut in Kisten, die sie dann beschriftet. Es sind unfassbar viele Kisten. Bis unter die Decke sind die sauber durchnummerierten Plastikcontainer gestapelt. Das beruhigt mich irgendwie. Mein Leben scheint in Ordnung. Wenn ich irgendwann sterbe, dann werde ich auch in so einer Kiste landen und Helena wird mich hier unten einsortieren. Vielleicht bekomme ich dann auch eine Nummer. Ich habe nie wirklich Zeit im Keller verbracht. Ich komme nur hierher, wenn ich auf der Suche nach Essen bin. Dabei gibt es hier noch viel mehr zu sehen. Hinten links in der Ecke, versteckt hinter einem Wäschegebirge, entdecke ich eine Waschmaschine. Hier steht die also.

Über mir knallen Türen und ich höre, wie sich hübsche Töchter mit hässlichen Worten bewerfen. Wäre ich nun dort oben, müsste ich erzieherische Maßnahmen einleiten. Und nichts ist so ermüdend, wie sich selbst beim Erziehen der Kinder zuhören zu müssen. Also bleibe ich noch ein wenig sitzen. Ich habe eine Gitarre im Schritt, ein Glas Senf neben meiner rechten Pobacke und wenn ich wirklich etwas zum Anziehen bräuchte, dann würde ich einen kleinen Schacht in den Klamottenhügel graben und dort eine Jeans und ein T-Shirt abbauen. Hier kann mir niemand was.

Aber ich weiß um meine Verantwortung als Vater. Außerdem weiß ich, dass dort oben wahrscheinlich die unangenehme Antwort auf all meine Fragen lauert. Also erhebe ich mich und beginne den langen Aufstieg zurück ins Leben. Oben angekommen, laufe ich zuerst Lotte in die Arme. In einem Anflug von Scham halte ich das Glas Senf vor meine Körpermitte. Gleichzeitig geht mir auf, dass die Gitarre wahrscheinlich mehr verborgen hätte, aber da ist es schon zu spät. „Iiiiihhhh. Papa!! Kannst du dir bitte mal was anziehen?" Ich verzichte auf die Bemerkung, dass eine Hälfte von ihr vor 12 Jahren aus diesem ekelerregenden, nackten Körper herausgeschwommen ist. Als erfahrener Pädagoge weiß ich, dass pubertierende Kinder diese Art von Fun Facts noch nicht zu schätzen wissen.

Als Lotte sich angewidert abgewendet hat, überholt mich Marie rechts, tätschelt mir den Hintern und nimmt mir das Glas Senf aus der

Hand. „Das hat ja ewig gedauert. Die Schulbrote sind fertig. Jetzt brauch ich den auch nicht mehr." Womit auch dieses Rätsel gelöst wäre. Bleibt die Gitarre. Da stürmt auch schon Ida auf mich zu, baut sich vor mir auf und fragt mit mahnendem Blick: „Hast du die gestimmt? Ich habe heute eine Aufführung in der Musikschule!" Ich überlege einen Moment und lüge ihr dann ein kurzes „Ja!" ins Gesicht. Ihre missgestimmte Gitarre wird in dem schiefen Flötenquartett gar nicht auffallen – ich habe die Proben gehört.

Auf dem Weg zu meinem Kleiderschrank erhasche ich einen kurzen Blick ins Esszimmer. Da sitzt der unbeaufsichtigte Emil am Tisch. Mit dem Gesicht im Nutella-Glas. In seinen Händen hält er einen bunten Wurststrauß. Ich lächle ihm aufmunternd zu, drehe mich um und schleiche leise wieder in den Keller. Dieses Mal weiß ich genau, warum.

Spülmaschine

Ich werde bis drei zählen. Nein, ich werde bis drei brüllen. Ganz sicher. Diese Diskussion will ich nicht führen. Und dabei geht es nur um das Ausräumen der beschissenen Spülmaschine. Aber nein, Marie ist jetzt acht Jahre alt und hat begriffen, dass die Dinge nicht so sein müssen, nur, weil ich sage, dass sie so sind. „Marie, ich zähle jetzt bis drei!“ – ich bin ganz dicht davor, den Offenbarungseid des Erziehungsberechtigten zu leisten.

Vor einer gefühlten Ewigkeit habe ich sie aufgefordert, ihrer Pflicht nachzukommen. „Gleich!“ hat sie die Treppe heruntergebrüllt. „Ich kann ja nicht überall gleichzeitig sein.“ Wann hat sie herausgefunden, dass „gleich“ eine Variable ist und niemals eine Antwort?

Dann irgendwann steht sie doch in der Küche. Mit fragendem Blick. Sie sieht die Spülmaschine heute nämlich das erste Mal. Und hat sie noch nie zuvor ausgeräumt.

Seit fünf Minuten reden wir jetzt aneinander vorbei. Auf der Spülmaschine türmt sich der Abwasch und wankt jedes Mal bedrohlich, wenn Marie wütend mit dem Fuß auf den Boden stampft. „Wenn hier irgendwas kaputtgeht, dann..." Früher klang das dramatisch. Heute weiß auch Marie, dass mir so schnell keine schmerzhafte Sanktion einfällt. Warte, du blödes Kind, bis du ein Smartphone hast. Und ich den WLAN-Schlüssel. Dann werde ich dir weh tun. In mir erschallt irres Gelächter.

„Ich bin nicht dafür da, euch als Knecht zu dienen!" – 2500 Jahre zuvor schlurft ein nubischer Sklave an selber Stelle durch das Atrium seines Herrn. Im Raum nebenan ist eine handfeste Orgie im Gange. „Du machst bitte den Abwasch, während wir dekadent sind", waren die Worte der Dame des Hauses, bevor sie mit der Peitsche in der Hand die Tür zum großen Saal hinter sich zuzog. „Ja. Gleich!", antwortet der

Versklavte leise, lässt die Variable in der Luft hängen und macht sich auf den Weg in die Speisekammer.

„Ich gehe jetzt nach oben in mein Zimmer!" Ich deute auf die Liste, auf der die Wochendienste festgehalten werden. „Ich mach das trotzdem nicht." Sie zetert. Mein Blick wird glasig und schweift ins Leere. Ich denke daran, dass ich sie mal ganz süß fand. Bevor sie reden konnte. Bevor sie von einer eigenen Meinung heimgesucht wurde.

„Deine Schwestern haben ihre Aufgaben heute schon erledigt..." Ich wüte ein wenig in der Gegend herum. Ihr Blick wird glasig und schweift ins Leere. Sie denkt daran, dass im Keller noch Süßigkeiten sind, die sie sich bei nächster Gelegenheit einverleiben wird.

„EINS...!" Jetzt muss ich es doch tun. Ich zähle bis drei. „Zwei". Ich zähle bis fucking drei. Wie ein Vollidiot. Sie hat gewonnen. „Na gut...!" mit einem genervten Augenrollen stellt sie ihren Kampf ein und reißt die Spülmaschine auf. Auf der Spitze des Abwaschgebirges kommt ein

Eierbecher ins Wanken, neigt sich gefährlich talwärts und gerät ins Rollen. Auf dem Weg bergab reißt er noch zwei Untertassen mit sich. Im Waschbecken zerschellt die Porzellanlawine an der fettigen Pfanne. In mir wilde Raserei. Ich beiße in meine Faust. „Ja, was stellst du den ganzen Kram auch so dahin? Da muss er ja fallen!"

Zehn Minuten später bin ich wieder da. Bei mir. Das Blut rauscht mir nun nicht mehr in den Ohren. Nach dem Spaziergang strahle ich wieder diese ZEN-artige Ruhe aus, die mich als Vater ständig umgibt. Die Spülmaschine ist leer. Dafür ist der Tresen voll mit gespültem Geschirr. „Du hast nicht gesagt, dass ich den Kram auch wegräumen soll." „EINS. ZWEI..."

Weichgekocht

Samstagmorgen 6:30 Uhr. Die Tür fliegt auf und Ida verkündet laut, dass dieser Samstag schon jetzt sehr langweilig wäre und sie nun gerne mit einer Freundin spielen würde. Als ich in Idas Alter war, habe ich Samstagfrüh von 6:00 Uhr bis 9:00 Uhr die Hanna-Barbera-Party geschaut und zum Frühstück 15 Haferflocken unter einem halben Kilo raffiniertem Zucker beerdigt. Die Wochenenden begannen traditionell mit Kopfschmerzen und leichtem Durchfall. Damals war die Welt noch in Ordnung. Heute gehören wir zu diesen bekloppten Eltern, die sich Gedanken um ihre Kinder machen. Deshalb haben wir Lotte mit Stoffwindeln gewickelt, liebevoll gesundes Essen gefertigt und sogar kurz über Homöopathie nachgedacht. Über die Jahre haben uns das Leben und die Kinder schnell weichgekocht. Keine dieser ehrenvollen Ideen hat im Alltag überlebt. Die

Kinder nach Lotte wurden mit Plastik umgürtet, auf Krankheiten schießen wir mit Antibiotika und über gesundes Essen wird nur nachgedacht, wenn wir uns an unseren Kindern rächen wollen.

Ich will, dass Ida weggeht. Zu ihren Schwestern. Aber die streiten sich schon seit 15 Minuten. Ihre Schreie dringen durch meinen Halbschlaf. Wenn Ida jetzt das Zimmer ihrer Schwestern betritt, dann wird sie bestimmt Haue kassieren. Mein verschlafenes Hirn denkt einen bösen Gedanken. „Ida. Geh und schau, was deine Schwestern machen!“ „Nein. Ich will nicht. Die haben mir schon gedroht.“ Ich will ihr auch drohen. Fiese Dinge will ich ihr androhen, damit sie augenblicklich das Schlafzimmer verlässt. Aber es steht keine Geburtstagsfeier an, die ich ihr streichen könnte.

„Du kannst niemanden anrufen. Es ist mitten in der Nacht.“ Erledigt. Totschlagargument. Meine Augen klappen zu und ich döse wieder von dannen. „Kann ich dann jetzt Benni anrufen?“ 6:39 Uhr. Sie hat neun Minuten vor meinem Bett gestanden und gewartet. Kinder sind manchmal wirklich unheimlich. Was ging in diesen neun Minuten in ihrem Kopf vor? Was hat sie dort gemacht? Kein Wunder, dass sie sich langweilt. Neun Minuten im Halbdunkeln rumlungern. „Nein. Du kannst Benni nicht anrufen. Der ist mit seinen Eltern nämlich in Hamburg!“ Und weil ich weiß, was als Nächstes kommt, füge ich schnell hinzu „Und mit Mila kannst du auch nicht spielen, die ist nämlich krank!“ Mila ist nicht krank, aber ich halte sie für keinen guten Umgang. Warum nochmal? Ich höre Idas Schwestern mit wüsten Schimpfwörtern nacheinander werfen und weiß es auf einmal nicht mehr so genau.

Zehn Minuten später stehe ich in der Küche und trinke Tee. „Kann ich jetzt mit Benni spielen? Oder mit Mila?“ Ich blicke an mir hinunter und sehe Ida direkt ins Gesicht. „Was habe ich dir vorhin gesagt, Ida?“ Sie kramt in ihren Erinnerungen. Sie wirft die Stirn in Falten. Das tut sie immer, wenn sie mir weismachen will, dass sie ernsthaft nachdenkt. „Ähhh?!“ Ich erläutere ihr noch einmal die Sachlage. Dann gehe ich nach oben und verbiete Lotte und Marie, sich weiterhin als „Arschlöcher“ zu beschimpfen.

Als ich wieder in die Küche komme, steht Ida immer noch neben meiner Teetasse. „Kann ich jetzt?“ „Kannst du jetzt was?“ „Na, Benni anrufen. Oder Mila!“ Sie sagt es, als wäre ich ein bisschen dämlich. Ich zweifle. Abwechselnd. Mal an mir, dann an ihr. Ich werde einen Erziehungsratgeber lesen. Irgendeinen. Von einem Psychotherapeuten mit mindestens 19 Kindern. Die haben nämlich alle mindestens 19 Kinder. Deshalb sind sie auch Psychotherapeuten. Und in Kapitel 22 wird er mir dann einleuchtend erklären, dass sechsjährige Mädchen sich in einer besonderen Entwicklungsphase befinden. Frische Synapsen bilden sich und das Hirn wird neu verkabelt. In dieser Phase hören Kinder die Worte „Hamburg“, „zu früh“ und „krank“ zwar, aber verstehen sie nicht. Diese These wird der Psychotherapeut – der nebenbei die Bundesregierung und den Vatikan in Erziehungsfragen berät – dann mit empirischen Daten untermauern, die er höchstselbst während der Feldforschung in seiner eigenen Familie gesammelt hat. Seine Kinder waren nämlich auch alle mal bescheu... in einer Phase.

Und ich stehe dort in der Küche. In meiner Schlafanzughose und einer lauwarmen Teetasse in der Hand. Die Kesselflicker-Töchter im ersten Stock teilen wieder verbale Tiefschläge aus. Mein Blick schweift ins Leere. Es ist jetzt 7:02 Uhr. Auf dem Weg zurück ins Schlafzimmer rufe ich Ida über die Schulter zu, dass sie jetzt gerne Benni anrufen kann... oder Mila.

Essen

Wir hatten uns damals geschworen, unsere Essgewohnheiten nicht dem einseitigen Geschmack der Kinder unterzuordnen. Wir waren jung und naiv. Mittlerweile besteht der Essensplan aus fünf Gerichten. Lotte nennt sie liebevoll ihre „Best Of". Die Kinder mögen diese kulinarische Monokultur. Überraschungen sind am Mittagstisch unerwünscht. Und wenn es doch einmal eine freche Variation auf die Teller der Kinder schafft, dann werden diese von mimischen und verbalen Entgleisungen begleitet. Geschmackliche Vielfalt wird einstimmig niedergenörgelt.

Wenn Marie dürfte, wie sie wollte, dann würde sie sich nur von Brot ernähren. Weißem Brot natürlich. Und Kuchen. Sie heißt Antoinette mit Nachnamen. Natürlich mögen alle

Töchter Nudeln. Für einen kurzen Moment habe ich einmal gedacht, meine Kinder wären anders als alle anderen. Ha. Was für ein Irrtum. Da sitzen sie. Die lieben Kleinen. Wie Spürhunde finden sie selbst mikroskopisch kleine Zwiebelstückchen in der Tomatensoße. Sie schnüffeln an ihrem Essen, als würde ich sie mit dem Möhrengemüse vergiften wollen. Argwöhnisch pieksen und fischen sie mit ihren Gabeln und Löffeln in Aufläufen und Eintöpfen. Sie sezieren und sortieren. Sie popeln und stochern. Sie stöhnen und wimmern. Sie mäkeln und rügen.

Wenn ich sie dabei beobachte, wie sie versuchen, die Paprika unter dem Pizzakäse zu orten, dann frage ich mich jedes Mal, wieso sie so verdammt schlechte Sucher sind. Mit traumwandlerischer Sicherheit finden sie die winzigen weißen Knoblauchstücke im weißen Kräuterquark, sind aber unfähig ihre Jacken, Brillen und Turnschuhe zu lokalisieren, selbst wenn ich ihnen diese direkt vors Gesicht halte und sie dazu anbrülle „Hier, Ida. Hier ist deine Jacke. Ich habe sie. Sie lag auf deinem Bett. Ganz obenauf.“ Ida schaut mich an und erwidert: „Oh, habe ich gar nicht gesehen. Ich habe ja meine Brille noch nicht gefunden."

Eine Zeit lang habe ich mir einen Sport daraus gemacht, den Kindern kleine Überraschungen ins Essen zu mischen. Eine Erbse ins Kartoffelpüree. Spinat in die Buchstabensuppe. Oder einen Kümmelsamen in den Milchreis. Sardonisch lächelnd habe ich ihnen dann nach der Mahlzeit gesagt, was sie da gegessen haben. Welch fader Triumph. Welch schwacher Trost. Wahrscheinlich trauen sie meinen Kochkünsten deshalb so wenig.

Mittlerweile haben die Kinder verstanden, dass mein unbändiger Zorn über sie kommt, wenn sie ihrem Unmut über mein Essen lautstark Ausdruck verleihen. Statt einem „Bäh, das mag ich nicht!" dominiert jetzt das diplomatische „Danke, ich bin so satt!" Dieser Lernprozess hat ja auch nur acht Jahre gedauert. Mal sehen, wann sie es das erste Mal schaffen, die Toilettenspülung zu betätigen, den Klodeckel herunterzuklappen, Türen hinter sich zu schließen oder das Licht in Räumen zu löschen, die sie nicht mehr zu betreten gedenken.

Heute bin ich zu Mürbeteig in ihren ignoranten Händen geworden. Willenlos koche ich immer gleiche (jüngste) Gerichte, die von den Kindern mit ewig gleicher Begeisterung heruntergeschlungen werden. „Hmm, das war lecker. Was gibt's zum Nachtisch?" Mit großer Regelmäßigkeit finden Pfannkuchen und Fischstäbchen den Weg auf die Teller. Für Erwachsene findet Essen erst statt, wenn Ernährung abgeschlossen ist. Wenn die Kinder den Tisch längst verlassen haben oder schon im Bett sind. Dann wird Gesottenes und Gebratenes aufgetragen. Geschmortes und Gegartes wird von kichernden Erbsen singend begleitet.

Bald wird Lotte ein waschechter Teenie sein. Dann wird sie ein kulinarisches Modebewusstsein entwickeln und gar nicht mehr mit uns essen wollen, weil sie sich für ein veganes Leben entschieden hat. Ida isst ohnehin nur, weil sie leben will und nicht sterben möchte. Bis dahin werde ich an unserem Tisch sitzen und um der Sozialität Willen weiter Pfannkuchen erdulden. Von mir aus auch dreimal die Woche.

Herrschaft

Ich bin das System. Ich bin die dunkle Seite der Macht. Ich bin das Gesetz. La famille c'est moi. Ich herrsche mit eiserner Hand. Umfragewerte interessieren mich nicht. Ich bin nicht gewählt worden. Ich bin Herrscher von Gottes Gnaden. Auf Lebenszeit. Ich brauche mich vor niemandem zu rechtfertigen. Gott allein ist mein Richter.

Drakonische Strafmaßnahmen verhänge ich mit großer Regelmäßigkeit. Spülmaschine ausräumen! Müll rausbringen! Zimmer saugen! Und das ist nur die Spitze des strafenden Eisberges. Wird die Stimmung im Volk zu gut, so brauche ich nur die Worte „Hausaufgaben", „Instrument üben" oder „spazieren gehen" fallen lassen und schon erlöschen Hoffnung und Freude in den Augen meiner Untertanen.

„Ihr müsst euch nämlich darüber im Klaren sein, dass es zweierlei Arten der Auseinandersetzungen gibt: die mit Hilfe des Rechts und die mit Gewalt. Die Erstere entspricht dem Menschen, die Letztere den Tieren. Da die erste oft nicht zum Ziele führt, ist es nötig, zur zweiten zu greifen." Was Machiavelli recht war, kann mir nur billig sein. Allein die Tatsache, dass Gewalt kein Mittel der Wahl mehr sein darf, macht meine Herrschaft schwieriger.

Ich muss subversivere Mittel zur Durchsetzung meines autoritären Willens wählen, um meinen Anspruch auf die Krone zu verteidigen. Denn ich bin das Ziel des Widerstandes. Die Luft ist dünn an der Spitze der Familie und ständig sägen kleine, schwitzige Kinderhände an meinem eisernen Thron. Nur mit harter Hand kann das Familienidyll aufrechterhalten werden. Dafür arbeite ich. Tag und Nacht.

Teile und herrsche. Das tue ich. Ich stifte Unfrieden in den Kinderzimmern, damit keine unheiligen Allianzen geschmiedet werden können. Zuverlässig funktioniert: „Lotte, saug dein Zimmer und putz euer Bad!“ Sie schreit ihre Antwort: „Das ist unfair!“ Richtig. Wann hat man je von einem fairen autoritären System gehört? „Und Ida muss wieder nichts machen!“ Auch richtig. Eine muss nichts machen, die andere dafür alles. So funktioniert das zuverlässig seit Millionen von Jahren.

Lotte macht alles und alle anderen lassen sich die gebratenen Trauben in den Mund fliegen. Und jeder in meinem System hat diese Wahrnehmung. Marie sagt: „Das ist unfair. Immer ich!“ Und Ida sagt: „Das ist unfair. Immer ich!“ Nur Emil sagt nichts. Weil er erst vier ist und damit erkennbar noch kein vollwertiges Mitglied in meiner totalitären Gesellschaft sein kann. So fühlt sich jeder gleichberechtigt benachteiligt. Das ist dann wieder fair. Aber das sieht das Volk nicht. Es ist undankbar. Zur Strafe werde ich mit den Untertanen spazieren gehen.

Meine neueste Waffe im Kampf gegen die unwillige Brut heißt Ida. Sie ist ein Doppelagent. Hat erkannt, dass ihr das Ausspielen der Geschwister zum Vorteil gereichen kann. Meine

Gunst will sie. Und diese erobert sie mit kleinen Dolchstößen in die Rücken ihrer Schwestern. „Lotte hat noch gar nicht ihr Zimmer aufgeräumt!“ oder „Marie hat die Comics einfach in die Ecke geschmissen, statt sie einzusortieren!“ Für diese geheimen Informationen entlohne ich sie reichlich. Jeder, der sein eigen Fleisch und Blut diskreditiert, kann mit Vergünstigungen rechnen. Ich kann ein wohlwollender Herrscher sein. Mein Ziel ist die Schaffung von Angst und Misstrauen. Jeder gegen jeden. „Marie, du musst dir die Fingernägel schneiden.“ Antwort: „Und Ida hat lange Fußnägel!“ Wenn es so bleibt, dann ist meine Position nicht in Gefahr. „Das ist unfair!“ – Musik in meinen Herrscher-Ohren.

Kindermusikantenstadl

Unsere Kinder spielen Instrumente. Nein. Unsere Kinder lernen Instrumente. Der Unterschied ist weder klein noch fein. Unsere Kinder lernen Instrumente, weil wir es nie konnten. Dieser urelterliche Ehrgeiz, der dazu führt, dass unsere Kinder für unsere Versäumnisse büßen müssen. „Sei froh, dass du ein Instrument lernen darfst!" Lotte ist nicht froh. Lotte ist sogar sehr unfroh. Oft. Tatsächlich aber lernt Lotte mehrere Instrumente. Wie es dazu kommen konnte, scheint sie selbst nicht mehr ganz genau zu wissen. Und wir haben es auch vergessen. Verdrängt.

„Lotte, du musst noch Akkordeon spielen!" An schlechten Tagen wird an diesem Punkt die gesunde „Warum-muss-ich-überhaupt-ein-Instrument-lernen-Diskussion" übersprungen und Lotte geht sofort zum Schreik(r)ampf über. Erst wenn die Laune aller Familienmitglieder am Tiefpunkt angelangt ist, wird in frostiger Atmosphäre und bösen Blickes geübt.

An guten Tagen ist es ein Erlebnis, Lotte beim Üben zu beobachten. Sie ist der Pete Sampras des Akkordeons. Fasziniert frage ich mich, wie es möglich ist, dass Noten ihr etwas sagen. Lotte spricht eine Sprache, die mir völlig fremd ist. Jahrelang habe ich mich mit ein und demselben Beatles-Referat durch den Musikunterricht geschummelt. Lotte schaut sich ein Notenblatt an und weiß, wie die Töne sich anhören müssen, noch bevor sie sie spielt.

Seit einem Jahr lernt Lotte auch Trompete. Schmerz und Stolz liegen seitdem noch näher beieinander und die Übergänge zwischen beiden Empfindungen sind fließend. Besonders qualvoll ist es abends nach der Arbeit, wenn Lotte gute Laune hat. Denn wenn Lotte gute Laune hat, dann will sie mir etwas auf der Trompete vorlernen. Dann werden Minuten zu Stunden. Sie trompetet munter und ich versuche, an etwas Schönes zu denken. Das Geräusch von

Fingernägeln auf einer Schultafel oder das Kreischen des Dentalbohrers in meinem Kiefer. Zum Beispiel. Ich lächle tapfer und nicke Lotte ermutigend zu, während ich meinem Kopf verbiete, sich zwischen meinen Knien in Sicherheit zu bringen.

Bevor Lotte sich für die Trompete entschied, hatte sie das Sousaphon ins Auge gefasst. Bis zu diesem Zeitpunkt hatte ich von diesem Instrument noch nie gehört. Eines Nachmittages erklärt mir Lotte geduldig: „Ein Sousaphon ist ein wenig größer als eine Trompete." „Ein wenig größer..." Ich werde stutzig und setze mich an den Rechner. Wie alle Kinder untertreibt auch Lotte hemmungslos, wenn sie etwas Großes haben möchte. Ich schaue mir Sousaphonvideos auf Youtube an. Das Sousaphon ist das größte Instrument aller Zeiten. In keinem der Videos ist ein Sousaphonspieler hinter seinem Instrument erkennbar. Ich frage mich, wer da wen spielt. Umsichtig erkläre ich Lotte, dass ein Sousaphon eher keine Option ist. „Lotte! Vergiss es! Auf gar keinen Fall wird ein Sousaphon dich bekommen!"

Marie spielt Gitarre. Für Marie ist das Gitarre spielen unter elterlicher Aufsicht (sie denkt es sei Publikum, dabei ist es eine reine Fortschrittsüberwachungsmaßnahme) eine willkommene Möglichkeit zum Austausch. Sie klimpert routiniert eine Melodie, die sich verdächtig anhört wie „Oh, du Fröhliche!" Marie liebt Weihnachten. Auch weit über Weihnachten hinaus. Letztes Jahr im Juli musste ich ihr das Spielen weihnachtlichen Liedguts verbieten. „Papa, weißt du was?" Natürlich weiß ich es nicht. „Mein Hobby ist Wände bomben!" Ich schaue sie fragend an. „Also, bei den Sprayern heißt das so, wenn sie ihre Pieces sprühen." Aha. Ich frage sie, wie viele Wände sie bereits gebombt hätte. Marie ist acht und normalerweise weit vor 21:00 Uhr im Bett. So viele Wände können es also noch nicht gewesen sein. „Noch keine, aber ich habe eine Menge Sketches in meinem Black Book!" Ob sie noch zur Schule geht, möchte ich wissen. Marie ignoriert diese Frage und beginnt „Oh, Tannenbaum" zu spielen. Für eine Achtjährige versteht sie Ironie und Sarkasmus erstaunlich gut. Wahrscheinlich sollte mir das zu denken geben.

Demnächst wird Ida mit dem Klavierunterricht beginnen. Mittlerweile bezahlen wir unsere elterlichen Kulturphantasien mit dem Verlust von Wohnqualität. Unser Lebensraum wird von unhandlichen Instrumenten annektiert. Ein Akkordeon, ein Klavier, zwei Gitarren und diverse Objekte die ich als „Müll" klassifizieren würde, die aber von meinen Kindern als „Instrumente" deklariert wurden, um ihren Erhalt zu sichern. Wir sammeln gemeinsam Kulturkapital, um die finale elterliche Selbstverwirklichung finanzieren zu können.

Elternabend I

Es ist eine Zeitreise. Schon beim Betreten des Klassenzimmers holt mich die Vergangenheit ein und versetzt mir einen Tritt in die Magengegend. Elternabend. Inklusive der Wahl zum Elternsprecher. Und alle sind sie gekommen, um sich nach Möglichkeit nicht wählen zu lassen.

Ich suche mir einen Platz und habe mich gerade erfolgreich auf dem winzigen Stuhl zusammengefaltet, als eine besorgte Mutter mich darüber aufklärt, dass dieser Platz ihrer Tochter, Stella, gehöre. „Wir sitzen immer dort, wo unsere Kinder sitzen!" Ach so. Ich will dieser Eltern-Kind Symbiose nicht im Wege sitzen und räume gehorsam den Platz. Ich werde Stellas Mama bei der Wahl zur Elternsprecherin massiv unterstützen.

Ich suche also nach Maries Platz. Frage mich durch. Argwöhnisch blitzende Elternaugen geben mir zu verstehen, dass ich ein Rabenvater bin, weil ich nicht weiß, wo meine Tochter sitzt. „Da stehen Namensschilder auf den Tischen!" Das habe ich auch schon vermutet, aber die graphologischen Fähigkeiten der Grundschüler/innen sind mit „begrenzt" doch eher euphemistisch umschrieben.

Der Spießrutenlauf endet zwischen den riesigen Vätern von Klara und Dennis. Meine Tochter hat das hässlichste Namensschild der gesamten Klasse gebastelt. Ich bin sehr stolz auf Marie, die ich dem Schriftbild zur Folge zunächst für „Martin" gehalten habe. Ihr Namensschild ist ganz offensichtlich als Rebellion gegen das deutsche Deko-System zu verstehen.

Stellas Mutter sitzt mir genau gegenüber. Neben dem pinken Namensschild-Exzess ihrer Tochter hat sie ihr gesamtes Elternabend-Equipment ausgebreitet. Ein Kalender, ein Notizbuch und ein Federmäppchen, das, der Farbgebung nach zu urteilen, auch Stella selbst gehören könnte. In der Hand hält sie einen Lamy-

Füller. Ich wusste nicht, dass wir eine Klassenarbeit schreiben würden. Panik ergreift mich. Ich leihe mir das Nötigste zusammen, um wenigstens so tun zu können.

Mit dem Gong schwebt die Lehrerin herein. Sie ist ca. 40 bis 70 Jahre alt und verströmt Autorität. Sät Angst und Verzweiflung in unsere Herzen. Karlas Vater steht bereits der Schweiß auf der Stirn und nur mit Mühe kann er sein Zittern verbergen. Er ist ebenso wenig vorbereitet wie ich. Wir versuchen, uns mit stummen Blicken daran zu erinnern, dass wir erwachsen sind und so etwas wie Würde besitzen. Da uns jedoch die winzigen Stühle in erniedrigende Sitzpositionen zwingen, scheitern wir grandios an diesem Unterfangen. Allen anderen ergeht es ähnlich. Die Metamorphose ist abgeschlossen. Wir sind unsere Kinder. Reinkarniert.

Die Lehrerin verliest die Tagesordnung. Keine Nachfragen. Einige Eltern schreiben hektisch jedes Wort mit. Veras Mutter muss ihre Lamy-Patrone austauschen. Mit blauen Fingern fummelt sie in ihrem Mäppchen herum. Amateurin. „Wenn sie dann fertig sind, Frau Behrens, würde ich gerne fortfahren." Klatsch. So hört sich eine verbale Ohrfeige an.

Wir reden über das Sportzeug der Kinder. Schon seit 20 Minuten. „Sportschuhe mit hellen Sohlen!" werden verordnet. Wie damals. Dass es die schon lange nicht mehr gibt, ist den Grundschulen offenbar verborgen geblieben. Und weil die Sportikonen dieses Planeten Schuhe in der Farbe von Veras Namensschild tragen, müssen wir nun diese Schuhsohlen-Diskussion führen. Vergebens. Nachdem Dennis Vater den Kampf gegen die Windmühle mehrmals erfolglos geführt hat, werden wir ab morgen das Internet nach Kinderturnschuhen aus den 70er Jahren durchforsten.

Die Diskussion ist beendet und der letzte Tagesordnungspunkt schon fast verlesen, da hebt Frau Behrens den Finger. Sie schnipst. Sie fucking schnipst! Alle halten die Luft an. Sie schnipst noch einmal. Ich kann nicht umhin diese Dämli... diesen Mut zu bewundern. Frau Lehrerin lächelt bedrohlich. „Ja, Frau Behrens?"

„Klettverschluss oder Schnürsenkel?“ Frau Lehrerin hebt langsam die Augenbraue. In ihrer pädagogischen Welt gibt es ganz offensichtlich auch dumme Fragen, nicht nur dumme Antworten. Und ihr Blick lässt keinen Zweifel daran, dass diese Frage zu den dümmsten gehört, die sie jemals vernommen hat. „Frau Behrens, Vera kann keine Schleife binden. Bis sie ihr diese Grundfertigkeit beigebracht haben, wären Klettverschlüsse eine zeitliche Entlastung!“ Totenstille. Frau Behrens Wangen glühen s chamrot. Sie weiß, dass sie gerade die Zukunft ihrer Tochter ruiniert hat.

„Kommen wir zur Wahl des Elternsprechers“... (To be continued)

Elternabend II

Das Faszinierendste an Elternabenden?! Alle Anwesenden geben ihre Persönlichkeit beim Eintritt in das Klassenzimmer ab und definieren sich fortan nur noch über ihre Kinder. „Ach, sie sind die Mama von Hannah-Louise?“, „Ich bin der Vater von Lukas.“ Eigene Namen haben wir nicht mehr. Geschweige denn ein eigenes Leben. Es geht nur noch um die Zukunft der Brut. Wir sind allenfalls Wegbereiter für die lieben Kleinen. Erfüllungsgehilfen. Die Trittbretter, auf denen die kommende Generation mitfährt.

... „Kommen wir nun zur Wahl des Elternsprechers.“ Frau Lehrerin gendert nicht. Ein paar Mütter in den hinteren Reihen finden das nicht in Ordnung und tuscheln erbost. Ich kenne Frau Lehrerin gut genug, um zu wissen, dass sie die Genderdebatte aus Prinzip unterwandert. Gewese um Nichts. First World Problem. Fingerübung des gelangweilten Bildungsbürgertums. Aber nicht mit ihr.

Frau Lehrerin fängt an, aus der Schulwahlordnung des Landes Rheinland-Pfalz zu rezitieren. Zwei Plätze weiter taucht eine Kopie des Textes auf. „Ich habe mir die SchuWo mal ausgedruckt...“, höre ich Timons Mutter ihrer Nachbarin zuraunen. Die „SchuWo“. Offensichtlich sind Timons Mama und die SchuWo ganz dicke miteinander. Bei einem Glas Wein sind sich beide sehr nah gekommen und sind nun per „Du“. Timons Mama macht heute Abend niemand etwas vor.

Frau Lehrerin hat inzwischen den Text beiseitegelegt und ist dazu übergegangen, nur die wichtigsten Details zu verkünden. „... gibt es hier Anwesende, die eine offene Wahl beantragen möchten? Wir wären schneller fertig, wenn wir offen wählen würden...“ Der Wink mit dem Zaunpfahl. Die erforderlichen drei Hände stoßen ruckartig in die dicke Luft. „Gut. Stimmen wir über diesen Antrag ab. Wir brauchen Einstimmigkeit." Wir wollen alle nach Hause. Dennis Vater hat schon verstohlen die Halbzeitergebnisse der Champions League Partien auf seinem Smartphone gecheckt. Er ist nicht dabei erwischt worden. Glück gehabt. Sonst wäre das Handy bis zur nächsten großen Pause weg gewesen.

Die Abstimmung über die offene Wahl läuft planmäßig, bis die Frage „Gegenstimmen?" plötzlich wie ein Damoklesschwert über unseren Köpfen schwebt. Timons Mutter hebt entschlossen die Hand. „Hätte nicht schon die Wahl über unser Abstimmungsprozedere geheim sein müssen? Ich meine, unter „Allgemeines, Paragraph 2" so etwas gelesen zu haben..." Die Schwerter fallen und bohren sich in unsere Köpfe. Dennis Vater kann es nicht fassen.

Wir sitzen jetzt seit zwei Stunden auf viel zu kleinen Stühlen. Wir haben alle Rückenschmerzen und ein Großteil der Männer hat auf Fußball gehofft. Das war's. Dennis Vater läuft rot an und sieht so aus, als wolle er Timons Mutter die

SchuWo mitsamt ihrer Zähne in den Hals stopfen. Ein wütender Mob mordlüsterner Väter durchbohrt Timons Mutter mit Blicken. Sie nimmt die SchuWo und lässt sie unter dem Tisch verschwinden.

Frau Lehrerin hat mit derlei bürokratischen Spitzfindigkeiten nicht gerechnet. Es folgt also eine geheime Abstimmung über die offene Wahl zum ungegenderten Elternsprecher. Nach 15 Minuten steht fest: Der Antrag ist gescheitert. Zwei Gegenstimmen. Neben Timons Mutter, habe ich auch Stellas symbiontische Mama im Verdacht, gegen die offene Wahl gestimmt zu haben. Der letzte Racheakt einer Sterbenden. Frau Lehrerin trägt es mit Fassung. Sie lächelt säuerlich. Scheiß Demokratie. Dafür werden Stella und Timon ab morgen büßen müssen.

„Es geht nun darum, Freiwillige zu finden, die in der Lage sind, das Amt des Elternsprechers auszufüllen." Wieder unwirsches Gemurmel aus der ungegenderten Genderecke. „Ich habe im Vorfeld schon mal Frau Schneider, Antons

Mama, gefragt, ob sie diese Aufgabe übernehmen würde.“ Die Gebauchpinselte lächelt. Timons Mutter friert das Gesicht ein. Sie wittert Vetternwirtschaft. Allerdings ist es in diesen Breitengraden fast unmöglich, Vetternwirtschaft zu vermeiden. Hier ist jeder mit jedem verwandt. Die Stimmung ist trotzdem gereizt. Ob es „Gegenkandidaten“ gäbe? Sie muss diese Frage stellen, erwartet aber keine Meldung. Frau Lehrerin hat ihre Kandidatin erkoren. Frau Schneider wird der nächste Elternsprecher! Das Eltern-Stimmvieh hat diese Ernennung nur noch abzunicken. Und alle sind bereit, genau das zu tun. Nur nach Hause. Unsere Rücken sind mürbe. An diesem Abend wird es keine Revolution geben. Auch an keinem anderen. Ein weiteres Highlight demokratischer Teilhabe.

Auf dem Parkplatz werden wir uns gegenseitig versichern, dass diese Wahl eine Farce war. Aber wir sind nur schlecht gelaunt. Mit schlecht gelaunten Menschen stürzt man keine Systeme. Wir sind Wutbürger und in unseren wutbürgerlichen Küchen werden ganz kleine Brötchen gebacken. Unser Protest erschöpft sich im Liken von kritischen Beiträgen. Aber nicht zu kritisch bitte. Nur ein bisschen.

Evolution

Charles Darwin, du bist ein dreckiger Lügner. Deine Theorie ist genau das: Eine Theorie. Sie ist grau, staubig und trocken dazu. Wie ein Furz. Und ich habe die empirische Biomasse, um deine Evolutionstheorie lückenlos zu widerlegen. Ein Samstagmorgen reicht mir dazu.

9:00 Uhr: Nachdem sich die Kinder abwechselnd gelangweilt und beschimpft haben, ist es nun Zeit für das besinnliche Familienfrühstück. Ich habe gute Laune und denke, es wäre nett, den Tag mit einer Frage und nicht mit einem Befehl zu beginnen: „Marie, deckst du bitte den Tisch?“ Die Antwort kommt umgehend und mit ohrenbetäubender Lautstärke. „WARUM IMMER ICH?“ „Weil wir dich am wenigsten mögen und nur bekommen haben, damit du uns und deine Geschwister bedienen kannst!“ Aber das denke ich nur. Mit einem sardonischen Lächeln im Kopf. Es ist zu früh für Zynismus. Selbst für mich. „Marie, oh liebste, kluge, schöne Marie. Schatzkammer meiner Seele. Du bist im Moment das einzige Kind in Esszimmernähe. Ach bitte, sei so gut und gehe mir zu Hand!" Na gut, so sage ich es auch nicht. Aber fast. „NEIN! Ich muss jetzt aufs Klo!" Marie rauscht aus der Küche, ohne die Tür hinter sich zu schließen. Ein eisiger Hauch dringt durch die offene Tür in die wohlige Wärme. „Tür zu!" Ich weiß nicht, wie oft ich diese Anordnung schon hinter irgendeinem meiner Kinder hergerufen habe. Wahrscheinlich ca. 4,55 Milliarden Mal. So oft wie die Erde angeblich alt ist. Und während in dieser Zeit alles Leben auf der Erde entstand, können meine Töchter noch immer keine Türen schließen.

09:30 Uhr: Ich entschließe mich, zu duschen. Beim Versuch das Badezimmer zu betreten, laufe ich gegen eine Wand. Eine unsichtbare Wand. Eine Wand aus massivem Stink. Weil wir erzkonservativ sind, haben wir immer noch Flachspüler in den beiden Badezimmern. Die Kinder schätzen diese Sanitärkeramik, weil sie sich so leichter dem Studium und der Analyse ihrer Ausscheidungen widmen können. Würgend taumele ich rückwärts aus dem Badezimmer und mache mich auf die Suche nach der Übeltäterin. „Ich war das nicht!", bekomme ich zweimal zur Antwort, bevor ich die Lüge in den Augen von Ida aufblitzen sehe. „Aber ich habe den Klodeckel runtergemacht!" Danke Ida. „Das hilft nicht, weil die Kacke trotzdem noch stinkt. Auch wenn man sie nicht mehr sieht!" Und dann kommt der Satz, den Eltern seit Jahrmillionen sagen: „Du sollst abziehen!" Kinder scheinen kognitiv einfach nicht in der Lage zu sein, diese Muss-Bestimmung zu verarbeiten. Geschweige denn, sie in die Tat umzusetzen. Wenigstens hat sie den Deckel heruntergeklappt.

10:00 Uhr: Ich habe das Bad 15 Minuten notgelüftet und dann bei minus 20 Grad Raumtemperatur geduscht. Meine gute Laune ist mit dem Duschwasser in den Abfluss gelaufen. Ich beschließe, meinen Frust an den Kindern auszulassen. Die Treppe hinaufgestampft, stürme ich das Zimmer von Lotte und Marie. Ein kurzer Blick bestätigt meine Vermutung. „Es sieht aus wie Sau. Hier wird jetzt aufgeräumt!" Mein Befehl wird mit hysterischem Kreischen quittiert. „DAS WAREN WIR ABER NICHT! DAS WAR

EMIL!“ Wahrscheinlich haben sie sogar recht, aber wenn es Emil war, dann muss ich aufräumen. Denn bis ich den Vierjährigen in die geheime Kunst des „Ordnung-Machens“ eingeweiht habe, gehen noch einmal 4,55 Milliarden Jahre ins Land. Ich entscheide mich also gegen Gerechtigkeit und für Willkür. „Das ist mir egal! Es ist euer Zimmer. In 30 Minuten bin ich wieder da und dann sieht das hier tiptop aus!“

10:30 Uhr: Von dem mittlerweile eigenhändig gedeckten Frühstückstisch kehre ich in das Zimmer von Lotte und Marie zurück. Natürlich habe ich tiptop nicht erwartet. Ich bin ja nicht erst seit gestern im Vatergeschäft. Aber ein bisschen mehr hätte es dann schon sein dürfen. Lotte sitzt in einem Haufen von Büchern und liest. Vermutlich hat sie vor 30 Minuten vorgehabt, diese Bücher in das Regal vor ihr einzuordnen, wurde aber von einem dicken Schmöker angefallen und zum Lesen gezwungen. Marie ist es nicht besser ergangen. In dem verzweifelten Bestreben, die 200 CDs zurück in die passenden Hüllen zu sortieren, muss einer der Tonträger in den CD-Spieler gefallen sein. Vermutlich hat das Gerät sich dann eigenmächtig in

Betrieb genommen und Marie mit seinem Gedudel paralysiert. So ungefähr muss es sich abgespielt haben. Anders ist es nicht zu erklären, dass die beiden Mädchen halbbekleidet und geistig abwesend in diesem Chaos sitzen.

Wann werden die Kinder lernen, Türen zu schließen, Klospülungen zu betätigen und Zimmer aufzuräumen? (Vom Löschen des Lichtes beim Verlassen des Zimmers oder dem Wiederauffinden von Brillen ganz zu schweigen). Die Antwort ist: „NIE!“ So einfach ist das. „NIE!“ So ernüchternd. Irgendwann werden diese Kinder eigene Familien gründen und an einem Samstagmorgen zu der Erkenntnis gelangen, dass die Evolution einfach nicht stattgefunden haben kann.

Karneval

Ich kann kein echter Kölner sein. Ich hasse den Karneval. Heiß und innig. Es war mir wichtig, diese innere Haltung an meine Kinder weiterzugeben. Ich habe mich redlich bemüht und bin kläglich an meinen jecken Töchtern gescheitert. Emil war meine letzte Hoffnung. Er hat mich nicht enttäuscht.

Im Kindergarten steht die alljährliche Karnevalsfeier auf dem Programm. In einem offenen Elternbrief hat die militant-karnevalistische Leiterin der Einrichtung den Eltern nahegelegt, die Kinder im verkleideten Zustand im Kindergarten abzuwerfen. Geschminkt wird vor Ort – ob die Kinder nun wollen oder nicht. Da verstehen die erziehenden Damen keinen Spaß. In der fünften Jahreszeit werden jedes Jahr zusätzlich zwei besonders humorlose Integrationskräfte (mit Armen wie Schraubstöcken) eingestellt, um kulturpessimistische Kinder zum Karnevalismus zu bekehren. Mit missionarischem Eifer werden flüchtende Kinder verfolgt, fixiert und bemalt. Marienkäfer, Blumenmotive und Tigerschnauzen werden in tränenverschmierte Gesichter gezwungen. Deutsche Leidkultur.

Wir wollen Emil diese Pein ersparen und haben deshalb im Voraus eine kleine Auswahl an Verkleidungsmöglichkeiten zusammengestellt. Das war nicht schwer, denn Emil hat nur zwei Helden. Den Nikolaus. Und Spiderman (wir rätseln immer noch, woher die Begeisterung für Spiderman rühren könnte). Seit gefühlten sechs Monaten hören wir mindestens zweimal täglich Rolf Zuckowskys großen Hit „Guten Tag ich bin der Nikolaus!" Rolf Zuckowsky. ROLF FUCKING ZUCKOWSKY. Geißel der Elternheit. Und Emil grölt mit. „Guten Tag ich bin der Mikkilaus!" Wir haben uns an den Mikkilaus gewöhnt. „Bald ist Mikkilaus Abend Tag!"

Spiderman oder Mikkilaus? Vor Emil liegen ein Weihnachtsmann-Kostüm und ein neuer Spiderman-Schlafanzug, der nach dem Karneval seiner ureigensten Bestimmung – dem Tragen im Dunkeln – zugeführt werden wird. Schnell ist klar, worauf es hinausläuft. „Isch will Spider-Mikkilaus sein!“ Stan Lee wäre begeistert. Zehn Minuten später sind wir eigentlich abfahrbereit. Unter seinem Mikkilaus-Kostüm trägt Emil den Spiderman-Schlafanzug. Aber im Flur kippt die Laune. Aus Jammern wird Geheule und aus Geheule wird Gebrüll. Ich stelle wieder fest, dass mein Genervtsein keine fruchtbringende Deeskalaltionsstrategie ist. Ich erinnere mich an meinen eigenen Karnevalshass. Am Ende mache ich mich mit einem Emil in Jeans und Pullover auf den Weg in die Hölle, Hölle, Hölle.

Dort ist die Party in vollem Gange. Aus der Anlage plärrt blechern Rolf Zuckowsky. ROLF FUCKING ZUCKOWSKY. Mit seinem großen Hit „Es ist nicht leicht, ein Narr zu sein!“ Anlässlich der Feierlichkeiten wurden im Flur 3,5 Tonnen weißes Konfetti verklappt. Ich halte Emils angstverschwitzte Hand und lasse den Blick schweifen. Die Integrationskräfte haben ein kleines Mädchen von der Herde getrennt und in die Spielecke getrieben. Die beiden Pädagoginnen zerren das wehrhafte Kind an den

Schminktisch, um es seinem Schicksal zuzuführen. Bereits beschminkte Kinder trotten mit hängenden Schultern an mir vorbei. In ihren Gesichtern prangen verlaufene, blaue Schmetterlinge. Ich blicke ihnen hinterher. Sie erinnern mich an die geknechteten Schotten, die in blauer Kriegsbemalung darauf warten, von Mel Gibson in die Freiheit geführt zu werden.

Ich ziehe meinen verängstigten Sohn in Richtung des Esstisches. Dort sitzt der Sohn der Genderbeauftragten unserer Verbandsgemeinde. Missmutig grunzt er in Emils Richtung. Wahrscheinlich gefällt ihm sein Prinzessinnenkostüm nicht. Oder die Farbe seines Nagellacks. Emil glotzt fasziniert. Der Prinzessin oder die Prinz nagt gelangweilt an seinem Dinkelbrot mit veganer Tomatenpaste. Emil zieht an meiner Hand. „Kann ich jetzt nach Hause gehen?" Ich entschließe mich kurzerhand, frei zu nehmen. Bevor wir den Kindergarten verlassen, drehe ich mich um, hebe die Faust und brülle laut und leidenschaftlich „FREEEEIIIHEEEIIIT!" Und während die Tür langsam ins Schloss gleitet, erheben sich die schottischen Schmetterlingskämpfer unter der Führung des Prinzessin gegen das Karnevalsdiktat.

Tierwünsche

Wir stehen in der Tierhandlung. Ich versuche, mich daran zu erinnern, wie ich hierhergekommen bin. Meine Tochter steht neben mir und gestikuliert wild in Richtung eines Käfigs. Ich höre nicht zu. Ich habe Kopfschmerzen. Der Vater in mir lächelt über das blonde Mädchen, das mir verzweifelt zu erklären versucht, dass es sich ganz sicher um den kleinen, hässlichen Nager hinter den Gitterstäben kümmern wird. Ja klar. Ich sehe mich schon mit einem winzigen Plastikschäufelchen Nagerscheiße aus Sägemehl klauben. Es ist Zeit, den naiv lächelnden Vater in mir endlich zum Schweigen zu bringen. Ich halte meinen nickenden Kopf fest und wische mir mit dem Handrücken das Lächeln aus dem Gesicht.

„Nein, Lotte, du wirst kein Meerschweinchen zu Weihnachten bekommen!“

Das Meerschweinchen nickt mir aufmunternd zu. Meine Tochter dreht sich um. Ihre Augen funkeln böse. Es wird ein Kampf werden.

„Aber Ina hat auch eins bekommen! Und die musste ihren Papa nur einmal fragen!“ Das ist kein Argument. Inas Eltern wohnen auf 260 Quadratmetern und haben einen Schuppen, der so groß ist wie das Taj Mahal. Die Meersau nickt immer noch. Langsam werde ich argwöhnisch.

„Du hast drei Geschwister. Das reicht. Du brauchst kein Meerschweinchen!“ Lotte denkt nach und kommt zu dem Schluss, dass ein Meerschweinchen bestimmt besser wäre, als ihre nervigen Geschwister. Ich muss ihr da zustimmen, erkläre aber geduldig, dass ein Tauschgeschäft aus rechtlichen Gründen keine Option ist.

„Und außerdem haben Meerschweinchen total hässliche Füße. Wie Ratten.“ Sie gerät ins

Schwanken. Aber nur kurz. „Jeder hat hässliche Füße." Ich denke kurz nach und muss ihr dann widerwillig zustimmen. Das Meerschwein starrt betroffen auf seine Füße. Es gibt viele gute Gründe für Socken. Und French Nails? Ich muss kurz würgen.

Die Stimme meiner Tochter holt mich zurück in die deprimierende Käfiglandschaft. „Und außerdem weiß ich, wie man mit Tieren umgeht. Du hast keine Ahnung, Papa."

Da hat sie vollkommen recht. Vor meinem inneren Auge ziehen all jene Tiere vorüber, deren Leben unter meinen fürsorglichen Händen ein schnelles Ende nahmen. „Weißt du Lotte, der Apfel fällt nicht weit vom Stamm!", sage ich leise, als die letzte Wasserschildkröte mit vorwurfsvollem Blick an mir vorbeigezogen ist.

„Komm, ich habe da drüben Hundezahnpasta mit Lebergeschmack gesehen. Ich zeige sie dir." Lotte ist nicht begeistert, aber mittlerweile ist auch sie ein wenig irritiert von dem hospitalistisch nickenden Nager. Auf dem Weg nach draußen drücken wir noch auf den quietschenden Hundespielzeugen herum und trollen uns erst, als wir den entnervt seufzenden Ladenbesitzer nicht mehr ertragen wollen. Oh, du Fröhliche.

Entzug

Wir kommen gerade aus dem Freizeitpark. Aus einem grellen, ohrenbetäubenden Freizeitpark mit ungezählten Eisständen, Zuckerwattebuden und viel zu vielen Menschen. Wir sitzen seit zehn Minuten im Auto. Vier Kinder hinten. Zwei Erwachsene vorne. Schweigend steuere ich das Auto über die Straßen. Ich bin fix und fertig und verarbeite das Erlebte. Helena sitzt auf dem Beifahrersitz. Ihr Blick geht ins Leere. Nach „Quality Time With The Family" brauchen wir dringend „Quality Time Without The Family".

„Mir ist langweilig", ruft Ida von hinten. Natürlich ist Ida langweilig. Seit zehn Minuten wird ihr Gehirn nicht von Reizen geflutet. Ihr ist nicht langweilig. Ida ist auf Entzug. Nichts Buntes. Nichts Lautes. Nichts Süßes. Sie ist alleine mit ihrem kleinen, völlig überzuckerten Hirn, das mit der Ruhe und der Eintönigkeit des Autofahrens nicht zurechtkommt. Eine Reihe hinter Ida sitzen Marie und Lotte. In weiser Voraussicht haben Idas große Schwestern 200 lustige Taschenbücher auf der Rückbank deponiert. Und während Ida sich „langweilt", bekämpfen ihre Schwestern den drohenden Turkey mit bunten Bildchen.

„Ida, wir sind gerade bis zum Erbrechen Achterbahn gefahren." Wir sind tatsächlich bis zum Erbrechen Achterbahn gefahren und mussten Lotte deshalb verbieten, im geschlossenen Wagen durch den Mund zu atmen. „Lies ein Comic...", nein, das ist keine gute Idee. Ida hat Schnupfen und wenn sie wegen unbekömmlicher Fahrtlektüre gleich auch nicht mehr durch den Mund atmen darf, dann wird sie ersticken. „Schau aus dem Fenster!" Wieder so eine großartige Idee. Insgeheim lobe ich mich für mein pädagogisches Geschick.

Vielleicht ist es auch gar nicht der Entzug, der Ida zu schaffen macht. Vielleicht überkommt sie in diesem Moment die Erkenntnis, dass sie im Ziegengehege des Streichelzoos fast ihr Leben gelassen hätte. Wir hatten ihr vorhergesagt, dass es keine gute Idee wäre, das Ziegengehege mit der Packung Trockenfutter in der Hand zu betreten. „Ich will das aber!" Also hat die ganze Familie mit den Schultern gezuckt und Ida durch die Hochsicherheits-Gatterschleuse ins stacheldrahtumzäunte „Ziegenland" treten lassen. 20 Sekunden später mussten wir das panisch schreiende Mädchen mit vereinten Kräften aus der Mitte fleischfressender Huftiere zerren. Und es wäre wahrscheinlich nicht gelungen, wenn Lotte ihre Trockenfutterpackung nicht geistesgegenwärtig dem kleinen Jungen am anderen Ende des „Ziegenlandes" in die Hand gedrückt hätte. In meinem Kopf hallen die Schreie des kleinen Menschenopfers nach. Ida war es uns wert.

Inzwischen hat sich Ida gegen „aus dem Fenster schauen" und für die Option „Comic" entschieden. Und zwar für das Comicheft, das Marie gerade liest. Es muss Maries Comic sein, weil es nämlich das allerbeste Lustige Taschenbuch ist, das der Ehapa-Verlag jemals publiziert hat. Das weiß jeder. Ich versuche, das Gekeife von den Rückbänken zu ignorieren. Mit bösen

Blicken und wüsten Drohungen befriedet Helena den Konflikt. Ruhe kehrt ein und alle sind entweder damit beschäftigt, ihre Wunden zu lecken oder Comic zu lesen. In die Stille brüllt Emil: „Mir ist langweilig!"

Bethlehem

„Jesus muss sich ganz schön was anhören..." Ein älterer Herr steht plötzlich neben mir. Ich frage mich, ab wann man eigentlich ein „älterer Herr" ist. „Furchtbar...", er schüttelt verständnislos den Kopf. Die Nachbarschaft singt inbrünstig schief. Wäre die Nacht doch nur still geblieben. Ich stehe in der entweihten Dunkelheit und blinzle in die hell erleuchteten Kerzen im Fenster des Gemeindepastors. Wenn es nicht um das Adventsfenster ginge, dann würden Außenstehende wahrscheinlich eher einen mordlüsternen Mob als eine besinnliche Adventsfeier vermuten. Die vierzig adventlich erregten Kehlen schreien ekstatisch „Holder Knab mit lockigem Haar". Gleich kommt der Glühwein. Die Stimmung wird kopfüber ins Peinliche kippen und es wird Helene Fischer erschallen.

„Ich bin mit dem Fahrrad nach Bethlehem gefahren." Der ältere Herr hat sich mir zugewandt und ich sehe, dass er eigentlich ein alter Mann ist. Ab wann ist Mann ein alter Mann? „Warum?" Weil es ihm wichtig war. Warum sonst, sollte man so etwas tun. Die Geburtsstätte Jesu hatte er sehen wollen. „Das war in den 60er Jahren!" Durch Syrien mit dem Fahrrad. Mit einem Begleitschreiben von Schimon Peres im Gepäck. „An der Grenze nach Israel haben die in meinen Körper geschaut. In jede Öffnung." Es muss ihm wirklich wichtig gewesen sein.

Wir unterhalten uns über Betlehem und Jesus und Weihnachten. Und dann über sein Leben. Ich möchte mich jedes Mal ohrfeigen, wenn mir diese Frage über die Lippen kommt. „Was haben sie beruflich gemacht?" Nichts. Er hat nichts gemacht. Nichts Echtes. Nichts Wichtiges. Was für eine großartige Antwort auf eine völlig bescheuerte Frage. Mit dem Fahrrad nach Betlehem zu fahren; das war wichtig. Viele andere Dinge nicht. Er hat recht. Und er war Informatiker. Einer der ersten in Deutschland. Anfang der 70er Jahre verließen die ersten Informatiker die Hochschule in Karlsruhe. „Damals hatte man noch keine Verwendung für uns.“ Er spricht mit einem Literaturwissenschaftler.

Ich mag ihn. Er spricht leise und erzählt mir seine Geschichte. Später hole ich uns Glühwein. Neben dem Glühweinkübel steht ein kleiner CD-Player. Einer der Nachbarn fummelt gerade das Weihnachtsalbum von Frau Fischer in das Laufwerk. Ich kehre zurück und warne ihn mit gequältem Gesichtsausdruck vor dem, was gleich über uns hereinbrechen wird. Wir trinken Glühwein und lauschen andächtig dem blechernen Geträller. Am Rande der Egalität.

Er ist zur See gefahren. Er steht auf dem Deck eines Eisbrechers in dicke, gelbe Funktionskleidung gehüllt. Eiskristalle in seinem Bart. Er flucht leise vor sich hin, während er dicke Taue mit komplizierten Knoten sichert. „Tausend jaulende Höllenhunde!“ Eigentlich habe er nur unter Deck gesessen und die Funk- und Navigationsanlagen gewartet. Mein Hergé-Bild gefällt mir besser. Ich bleibe dabei.

Um uns herum löst sich der Weihnachtsmob auf. Die Menschen wanken zurück in ihre Häuser. Der Glühweinpegel scheint erreicht und Helene Fischer haben sie eh alle daheim. Der alte Informatik-Kapitän neben mir schaut sich suchend um. Nach wem, frage ich ihn. Aber da kommt sie schon. Seine Mutter. Sie möchte nach Hause.

Ungespräch

„Kannst Du Marie auf dem Heimweg abholen?“, will Helena wissen. Ja klar kann ich das. Will ich das? Eher nicht. Die Früchtchen meiner Lenden aus fremden Häusern zerren, gehört definitiv nicht zu meinen Lieblingsaufgaben. Mein innerer Widerstand hat gute Gründe.

Zunächst ist da die Sache mit der Orientierung. Ich habe keine. Seit zehn Jahren wohne ich in dieser Gegend. In dieser Gegend gibt es keine Städte. Diese Gegend besteht aus kleinen Ortschaften, die alle gleich aussehen und sämtlich auf „-hausen“ enden. Ich bin schon froh, wenn ich morgens im Nebel auf die Arbeit und abends im Dunkeln wieder zurückfinde.

„Wo steckt Marie denn?“, will ich von Helena wissen. „Sie ist in Blablahausen. Bei Müllers.“

Helena kann sich Sachen merken, die ich nicht mal höre. Bestimmt sollte ich wissen, wer Müllers sind. Und bestimmt sollte ich auch wissen, wo Dieseshausen oder Jeneshausen liegen und wie man dahin kommt. Weiß ich aber nicht. „Alles klar. Mach ich." Wie schwer kann das schon sein? Sieben Dingenshausens und sechs Müllers später, stehe ich endlich vor dem richtigen Gebäudekomplex. Er ist riesig und besteht aus zwei Häusern. Ein Haus für Müllers und ein Haus für die Autos der Müllers. Ich frage mich, wann meinen Töchtern bewusst wird, dass sie nicht alles haben, obwohl sie alles haben.

Ich drücke auf den Klingelknopf unter dem handgetöpferten „Hier wohnt Familie Müller"-Schild. Hinter der Tür ertönt ein liebliches Glockenspiel. Ich lebe in einem Land, in dem sich Menschen Gedanken über Klingeltöne machen. Die Tür öffnet sich und ein attraktiver Mittvierziger-Vater im gut geschnittenen Anzug bittet mich in die Eingangshalle. Ich trage Vans und meinen Lieblings-Hoodie. Wir sind die Typen, die sich auf offener Straße geflissentlich ignorieren. Aus dem ersten Stock schallt laut das Lachen meiner Tochter. Demnach führt die Freitreppe aus Marmor in den Westflügel mit den

Kinderzimmern. Von der Eingangshalle gehen mehrere Zimmer ab. „Sie haben einen Salon?!“ Er schaut kurz irritiert. „Äh. Salon? Nein, das ist das Hobbyzimmer meiner Frau und daneben ist mein Kraftraum.“ Natürlich.

Auf der Balustrade des oberen Stockwerks taucht kurz meine Tochter auf. Sie sieht mich und flieht. „Marie. Komm bitte. Wir wollen los!“ WIR wollen ganz offensichtlich nicht los. Aber ICH will dafür umso dringender. Herr Müller und ich stehen still in der Gegend herum. Wir haben uns nichts zu sagen. Die peinliche Stille ist unangenehm laut. „Wollen sie etwas trinken?“ Nein, danke! Aber vielleicht können wir uns ganz kurz noch über das Wetter unterhalten? Und danach zeigen wir uns gegenseitig unsere Lieblings-Youtube-Videos.

Tief greife ich in meine Smalltalk-Trickkiste und zaubere ein „Und? Was machen sie beruflich?“ hervor. Jetzt redet er. Sein Beruf hat irgendetwas mit Geld zu tun. Mit viel Geld. Ich nicke mechanisch und lächle interessiert. Das kann ich. Ich habe vier Kinder.

Nach stundenlangen Minuten schreitet Marie schließlich aufreizend langsam die Treppe hinunter. „Kann ich noch bleiben, Papa?“ Sie macht das extra. Ich werfe ihr böse Blicke zu, die sie mit großer Ruhe ignoriert. Ich sage: „Marie. Kommst du jetzt bitte? Mama wartet mit dem Essen.“ Ich meine: „MARIE, BEWEG DEINEN ARSCH! SCHNELLER!“ Sie weiß das. Aber sie weiß auch, dass ich mich in der Öffentlichkeit benehmen muss. In Zeitlupe beginnt sie, ihre Sachen zusammenzusuchen. Herr Müller ahnt, dass das Ganze noch ein wenig dauern wird und erinnert sich seiner Soft-Skills. „Und? Was machen sie beruflich?“ Smooth.

Nicht einmal meine Freunde wissen, was ich eigentlich genau beruflich tue. Ich nehme die Abkürzung: „Ich bin Lehrer.“ Ich hasse mich ein wenig für meine Antwort, aber wenigstens erstickt sie jedes Interesse im Keim. „Oh!“, sagt Herr Müller. Wir schweigen wieder laut. Dann hat Marie endlich ein Einsehen und verkündet: „Ich bin fertig. Wir können.“ Als Herr Müller und ich uns die Hand geben, schließen wir mit den Augen eine Übereinkunft: „Das nächste Mal, machen unsere Frauen diesen Scheiß!“

Draußen greift Marie nach meiner Hand. „Danke, dass du mich abholen kommst.“ Gerne. Jetzt müssen wir nur noch dieses Zuhause finden.

Glückwunsch

Herzlichen Glückwunsch. Es ist stockdunkel. Zappenduster. Zu fünft schleichen wir in Lottes Zimmer. Wobei schleichen ein Euphemismus ist. Wir haben Emil dabei. Emil ist vier. Vierjährige Jungen kennen nur zwei Gangarten – stampfen und trampeln. Wir schleichen also zu viert in Lottes Zimmer, während wir versuchen, den trampelnden Emil auf Distanz und damit außer Hörweite zu halten. Unser Schleichen wird von leisem Fluchen begleitet. Alle zwei Minuten tritt ein Familienmitglied auf kleine, spitze Legosteine. Lotte spielt nie mit Lego. Sie hat diese kleinen Kunststoffminen gelegt, um uns fern zu halten. Aber wir haben einen Auftrag. Erst nach Abschluss der Mission werden wir uns gegenseitig Dänenplastik aus den blutenden Fußsohlen pulen.

Wir sind am Ziel und nehmen Aufstellung am Kopfende von Lottes Bett. Ida, Marie, Helena und ich. Emil fehlt. Emil ist gegen einen Schrank geschlichen und hält sich zornig brabbelnd den Kopf. Kollateralschaden. Wir können auf niemanden warten. Ich zähle leise: „1, 2, 3!" und dann beginnt der Familien-Mob mit dem Geburtstags-Gegröle. Wir singen oft und gerne, aber nur selten gut.

„Kräht der Hahn früh am Morgen, kräht er lustig, kräht er laut. Guten Morgen liebe Lotte, dein Geburtstag ist heut." Dieses Lied kampfbrüllt inbrünstig die ganze Familie. Der Hahn kräht früh am Morgen. Nicht besonders lustig, aber heute umso lauter. Um 5:50 Uhr. Direkt in Lottes schlafenden Gehörgang hämmern wir dieses kleine Vokalstück. Lotte steht fast senkrecht im Bett. Die Haare stehen ihr zu Berge. Es ist die Rache für unsere schmerzenden Füße. Lotte hat Angst. Bis sie sich daran erinnert, dass sie ja heute Geburtstag hat. „Herzlichen Glückwunsch!" pöbelt der Mob in Richtung des panischen Geburtstagskindes. Aus dem Hintergrund fliegt Emil heran und bringt Lotte mit einer gezielten Umarmung in Kniehöhe zu Fall. Wer Geburtstag hat, wird von Emil gnadenlos umgeliebt. Irgendwann hat Marie ein Einsehen. „Ich mag Lotte ja nur manchmal, aber vielleicht sollten wir sie jetzt befreien?!“ Wir brechen Emil liebevoll die klammernden Arme und machen uns danach auf den Weg zum Geburtstagstisch im Wohnzimmer.

Die Kinder stürzen am aufwändig geschmückten Frühstückstisch vorbei und gehen vor dem festtäglichen Konsumschrein in die Knie. Kunstvoll aufgebahrt liegen dort, im Kerzenschein des hölzernen Herzlichen-Glückwunsch-Geburtstagszuges, Pakete in allen Formen und Farben. Lotte ist begeistert und reißt Geschenke aus unnützer Verpackung. Der Anblick entlockt mir einen Seufzer und ich frage mich, warum ich am Vorabend zwei Stunden lang Kram in buntes Papier gewickelt und kunstvoll verschleift habe. Ahnend schaut Helena mich an. „Wir tun das alles, damit wir später behaupten können, gute Eltern gewesen zu sein!“ Richtig. Jetzt macht es alles wieder Sinn. Ich lächle eigennützig.

(Kleiner Tipp an alle Erziehungsberechtigten von Töchtern. Schenken ist nichts für zartbesaitete Elternseelen. Augenkrebsverursachende Pferde-Glitzer-Rosa-Geschenke machen es ihrem Kind leichter, Freude zu heucheln, wenn es pädagogisch Wertvolles aus farbigem Papier schält. Ein Buch zum Beispiel).

Ein paar Minuten später sitzen wir am Frühstückstisch. Die meisten Geburtstagsgeschenke dürfen mitessen. Vorsichtshalber haben wir alle Kerzen gelöscht. Das Risiko, dass leicht entflammbare Geschenke mitsamt unserer Tochter vor unseren Augen verpuffen, ist einfach zu groß. Wir sind allesamt keine besonders passionierten Frühstücker, aber dem Kalten Hund machen wir an diesem Morgen gemeinsam den Garaus. Später, wenn die Kinder in der Schule, in Kokosfett getränkte, Butterkekse in die Flure kotzen, sind wir längst unterwegs. Ich werde mein Smartphone ausschalten, um keine „Ihr Kind hat Bauchschmerzen" Anrufe entgegennehmen zu müssen. „Wer feiert, der kann auch in die Schule gehen", hatte mein Lehrer Montagmorgens immer verkündet. Es tut mir ein bisschen leid, aber an Geburtstagen müssen auch mal andere für unsere elterlichen

Verfehlungen büßen. So funktioniert eine Solidargemeinschaft. Ich betrachte den regefluxten Kuchenköter als den Kitt, der unsere Gesellschaft zusammenhält. Von mir für euch! Herzlichen Glückwunsch.

Elternsprechtag

Langsam fallen mir die Augen zu. Neben mir sitzt Lotte. Auch sie kämpft gegen die Müdigkeit. Aber gerade jetzt dürfen wir nicht schlafen. Hier geht es um Lottes Leben und wenn wir jetzt einbrechen, dann ist alles vorbei.

Unsere Schlafzimmerblicke sind auf Frau Schnell gerichtet. Lottes Deutschlehrerin. Sie redet. Frau Schnell redet. Frau Schnell redet sehr langsam. Unfassbar langsam redet Frau Schnell. Wir hören schon seit 20 Minuten nicht mehr zu. Sitzen wir schon so lange in diesem kargen Klassenzimmer? Ich weiß es nicht. Irgendwo zwischen „... ihre Tochter ist unkonzentriert..." und „... fürs Leben lernen..." ist mir das Zeitgefühl abhandengekommen. Ich kann sehen, dass Frau Schnell ihren Mund bewegt. Ich blinzele hinüber zu Lotte und sehe ihren

Kopf gefährlich zur Seite wegsacken. Ich kneife ihr ins Bein. Lotte schreit kurz auf. Frau Schnell interpretiert diesen Laut als intensives Interesse. „... und demnächst schreiben wir dann die Klassenarbeit." Sie sagt es in Zeitlupe. Zäh tropfen die Worte aus ihrem Mund. Ich gebe Lotte zu verstehen, dass sie mich auch kneifen soll. Fest.

Frau Schnells Sprachapathie wird nur durch ihre träge Intonation übertroffen. „... die Klassenarbeit wird ein Aufsatz sein. Es geht um spannendes Erzählen..." Lotte grunzt. Ich muss mir ein müdes Lächeln verkneifen. Stattdessen nicke ich mit dem Kopf und hoffe, dass mein Gesichtsausdruck nicht ganz so leer ist, wie ich mich gerade fühle. Aber Frau Schnell fällt nicht auf, dass wir dem Tode näher sind, als dem Leben. Frau Schnell hat ihr ganzes Leben lang in leere Augen gestarrt. Woher soll sie wissen, wie lebendige Kommunikation aussehen kann. Lottes Arm zuckt im Halbschlaf. Gleich ist es soweit. Lottes Kopf wird mit einem dumpfen Schlag auf die Tischplatte fallen. Ich nehme all meine Kraft zusammen und schiebe meinen Schal an die Stelle des Tisches, wo der Aufprall vermutlich stattfinden wird.

Ich muss mich konzentrieren. Auf etwas Spannendes. Hinter Frau Schnell steht ein überdimensionales Geodreieck. Das ist spannend. Alles ist spannender als Frau Schnell. Ich stelle mir vor, wie unglaublich groß die Mathelehrer an dieser Schule sein müssen. Das Geodreieck ist wirklich riesig. Und spannend. Ich finde ein großes Stück regloses Plastik unterhaltsamer als Lottes Deutschlehrerin. „... gut erzählen können. Das ist so wichtig..." Ich stimme ihr zu. Mein Kopf nickt schon die ganze Zeit automatisch – immer an den Stellen, an denen ich das Ende eines Satzes vermute. Frau Schnell verzichtet auf Sprechpausen. Die Übergänge zwischen ihren Worten verschwimmen vor meinen Ohren. „... diedeutschespracheisteinwunderbaresinstrument..." Tonk. Lotte ist ausgestiegen. Ich schaue hinüber zu ihr. Friedlich ist sie entschlummert. Ihr Gesicht liegt, mir zugewandt, auf meinem Schal. Sie lächelt friedlich. Ich beneide sie.

Frau Schnell hat es nicht mitbekommen. Sie monologisiert und spart dabei weiter mit Klangfarbe. Ihre Stimme ist hörbarer Sichtbeton. Mir fällt auf, dass sie spricht, wie das Klassenzimmer aussieht. Grau und langweilig. Frau Schnell ist konsequent. Sie und ihr Klassenzimmer. Sie sind eins geworden. Gemeinsam sind sie ein Musterbeispiel für deutsche Bildungsarchitektur. Was die Unis produzieren, schaut so aus wie das, was die Schularchitekten bauen lassen. Quadratisch. So soll sie sein, die Bildung. Wie die Köpfe, die sie formt. Praktisch? Manchmal. Gut? Selten. Aber niemals sperrig. Gerne berechenbar und konform. Lotte schlummert. Ich nicke noch, aber mir ist das Lächeln vergangen. „... Schulesolljaauchspassmachen..." Mir ist schleierhaft, woher Frau Schnell den Mut nimmt, von „Spaß" zu sprechen. „... habensienochfragen?" Lotte rettet mich mit einem unwirschen Grunzen, bevor ich etwas Gereiztes entgegnen kann.

Sie ist aufgewacht, als Frau Schnell aufgehört hat, zu reden. Früher ist sie auch immer aufgewacht, wenn das Auto ausgegangen ist. Ich danke Frau Schnell für ihre wertvolle Zeit. Lotte wischt mit ihrem Ärmel verstohlen eine kleine Speichellache von der Tischplatte. Wir verlassen das Klassenzimmer. Lotte hält meine Hand, als wir zusammen durch den Sichtbeton-Gang auf den Ausgang zuwanken.

Geflüchtet

Auf dieser Straße sind früher riesige Panzer gerollt. Jetzt rollen wir mit einem riesigen Reisebus darüber. Am Straßenrand stehen in regelmäßigen Abständen Warnschilder, die uns erklären, dass wir die Straße besser nicht verlassen sollten. „Lebensgefahr. Kampfmittel. Betreten verboten!" Es steht dort in mehreren Sprachen. Auch Arabisch ist dabei, unten, ganz links in der Ecke. Willkommenskultur. Hinter den Warnschildern ein tödlich langweiliger Tannenwald in matschigem Weiß. Wir sind auf dem Weg in ein Flüchtlingscamp. Mit 60 Jugendlichen aus acht europäischen Ländern. Wir haben in den zurückliegenden Tagen über dieses Europa gesprochen. Ein Europa, in dem die Baumärkte wieder mehr Stacheldrahtzäune verkaufen und Selbstschussanlagen Hochkonjunktur haben. Ein Europa, in dem viele behaupten, dass sie das ja wohl noch sagen dürfen. Und ein Europa, in dem viele das auch noch hören wollen.

Der Wald liegt hinter uns und im Nirgendwo vor uns liegt ein Schlagbaum quer über der Straße. Der Security-Mann mit dem Walkie-Talkie im Anschlag schüttelt mir die Hand: „An der Kreuzung rechts und dann wieder rechts. Halle 26 auf der rechten Seite." Rechts ist die neue Himmelsrichtung. Der Security-Mann schaut sich nach einem anderen Security-Mann um: „Zaunkontrolle, Jan!" Weg sind sie. Im Stechschritt. Nach dem Schlagbaum kommen die Baracken. Irgendwo da draußen spricht bestimmt jemand von einem „Lager" und beschwört damit 71 Jahre alte Zeitgeister.

Vor der Halle spuckt der Bus uns aus. Es ist arschkalt und arschgrau. An den Dachrinnen hängen Eiszapfen. Niemand weiß so richtig, wohin mit sich. Wir schauen extra betreten drein, damit ja niemand auf die Idee kommt, wir wären Flüchtlings-Touristen. Wir sind gekommen, um zu begegnen und gerade weiß niemand mehr so genau, ob das eine gute Idee war. Ob man uns begegnen will? Wir sind immerhin

Europäer. Wir rufen seit Monaten: „Wir sind das Volk!“ und verhelfen dem Stacheldraht zu gesellschaftlicher Akzeptanz. Zehn Minuten später umringen uns Mitarbeiter des DRK. Ibrahim klopft mir auf den schamgebeugten Rücken: „Na?! Wollen wir uns jetzt ein paar Flüchtlinge angucken?“ Er lacht. Es war nur ein Scherz. Wir sind verschissene Touristen.

Wir werden aufgeteilt. Kleine europäische Gruppen bekommen Einblicke in das Leben in einer „Aufnahmeeinrichtung für Asylbegehrende.“ In einem spartanischen Klassenzimmer erzählen Geflüchtete von ihrer Heimat. Sie erzählen von ihren Brüdern, die jetzt tot sind. Von ihren Häusern, die jetzt nicht mehr stehen. Und sie erzählen von ihrer Flucht.

Ein junger Afghane möchte Profi-Fußballer werden. Er hat früher in der Nationalmannschaft seines Landes gespielt. Ich kenne jetzt den gesamten Kader der afghanischen Nationalmannschaft. Er umfasst ca. 132 Spieler. Die Hälfte dieser jungen Männer sind Söhne des Bürgermeisters von Kabul. Es gibt viele Wahrheiten. Und es gibt viel Verzweiflung. Und alle lügen. Das Volk lügt, um Grenzen zu ziehen. Geflüchtete lügen, um diese Grenzen zu überwinden.

Später stehen wir in einer leeren Baracke und schauen uns die Zimmer zukünftiger Flüchtlinge an. Auf dem Boden ranziger PVC-Belag. Von den Wänden blättert hier und da die Tapete. In 24 Quadratmeter großen Räumen stehen fünf Stockbetten. „Wo sind die Schränke?“, will eine Tschechin wissen. Es gibt keine. In ein paar Wochen werden in diesem Raum zehn Menschen wohnen. Die meisten ohne große Perspektiven und alle ohne Schränke. „Ich würde schätzen, dass wir ca. 30 Prozent der Leute problemlos integrieren können. Die Integration der nächsten 30 Prozent wird teuer werden und die letzten 30 Prozent werden wir nicht integrieren können“, erläutert der pensionierte Lehrer mit dröhnender Stimme. Ich will lieber nicht wissen, was seiner Meinung nach mit den letzten zehn Prozent passiert.

Wir sind zurück in der Halle und begegnen einander. Ohne viele Worte. Es wird getanzt.

Auf dem nassen Fußballacker wird die europäische Auswahl privilegierter Kicker von der afghanischen Nationalmannschaft vernascht. Alle scheinen glücklich. Wenigstens für einen kurzen Moment. Die Flüchtlinge haben uns Touristen zu Menschen gemacht und wir Touristen haben Flüchtlinge zu Menschen werden lassen. Englisch wird weniger gesprochen als gestikuliert. Smartphones werden gezückt und wir zeigen uns gegenseitig unsere Familienfotos. Junge Männer und Frauen flirten miteinander. Es ist ein wenig, wie es sein sollte.

Neben mir steht Ibrahim in seinem roten DRK-Fleece: „Ich war 15 Jahre lang Qualitätsmanager bei Mercedes. Ich habe gekündigt, um hier arbeiten zu können. Ich hab zwar keine Kohle mehr, aber abends kann ich wieder in den Spiegel schauen." Wir stehen mit dem Rücken zur Wand und schauen uns um. Es ist laut und fast könnte man meinen, es sei wirklich fröhlich. Aber das ist es nicht.

Als wir uns verabschieden, werden wir wieder zu Touristen. Und sie werden wieder zu Flüchtlingen. Im Hintergrund steht ein syrischer

Politikwissenschaftler. Er lehnt an der Hallenwand. Vorhin hat er mir seine Frau und seine drei Kinder gezeigt. Wir fahren jetzt nach Hause.

Zwangsheirat

Wir sitzen in der Küche am Tisch. Marie und ich. Und keiner von uns beiden möchte hier sein. Zwischen uns liegt ein großer Haufen ungemachter Hausaufgaben. Es ist 20:30 Uhr. Und es ist Dienstag. Wir sind beide müde. Aber ich bin heute der autoritäre Vater. Der Rächer verschwendeter Zeit und uneingelöster „Ich-mach-das-später-Versprechen“. Dabei ist Marie längst weg. Sie hat ihren Körper schon vor einer halben Stunde verlassen. Sie hat dem Autopiloten das Steuer in die Hand gedrückt und in den Flugmodus geschaltet. Genervt grunzt sie jetzt ganz automatisch.

Ich habe alle Register gezogen und jeden Vater-Stereotypen bedient. Marie und ich hassen mich heute Abend völlig zurecht. „Jetzt konzentrier dich! Das ist nur Flächenberechnung und keine Atomphysik!“ Ginge es in dieser Welt gerecht zu, dann müsste jetzt ein Pflasterstein durch das Küchenfenster segeln und mir den Schädel zertrümmern. „Das ist keine Atomphysik!“ Es sind schon Väter für weniger bescheuerte Sprüche gestorben. Noch gebe ich mich der Illusion hin, am längeren Hebel zu sitzen. Als ich in Maries Gesicht schaue, sehe ich gerade noch, wie ihr Hirn runterfährt und in den Standby-Modus geht.

Dabei hat alles so harmlos begonnen. Damals. Mit der Grundschule. Und jetzt? Jetzt ist weiterführende Schule angesagt und ich entwickle einen ungesunden, symbiotischen Ehrgeiz, während meine Tochter ihren langsam verliert. Marie rechtfertigt ihre „noch befriedigenden“ mathematischen Fähigkeiten mit: „Die anderen hatten auch schlechte Noten in der Mathearbeit!“ Aha. Die Hälfte der anderen spricht zuhause eine andere Sprache und ist oft sich selbst überlassen. Da sitzt abends sicher kein Vater in der Küche und klopft dämliche Sprüche.

Wir streiten uns noch eine Weile, ehe ich kapituliere und Marie wütend aus der Küche stürmt. In der Ferne knallt eine Badezimmertür. Da sitze ich und starre trübe auf Vokabeln und ein paar unvollendete Multiplikationsaufgaben. Ich will doch nur, dass sie sich nicht irgendwann mit Bauchschmerzen in die Schule schleppen muss. Das macht Schule nämlich. Bauchschmerzen.

Oh, The Irony. Bei mir war es ganz ähnlich. Ich habe die Schule gehasst. Das war vor 15 Jahren. Und nun hasst mich die Schule zurück. Wir haben uns beide nicht verändert. Weder die Schule noch ich. Was für eine traurige Erkenntnis. Wir stehen uns gegenseitig auf den Kriegsfüßen. Damals hat mir Schule zu verstehen gegeben, ich sei ein bisschen dumm, weil ich mit Mathe und Latein nicht warm wurde. „Ungenügend!" Mit elf habe ich das erste Mal nicht genügt. Das Diktat von Frau Mehrmagen-Schmadtke hatte mir das Genick gebrochen. Danach habe ich mich ein paar Jahre lang gegen die implizite Behauptung gewehrt, dass Intelligenz etwas mit Schulnoten zu tun habe. Jetzt bin ich 34 und Rechtschreibung funktioniert inzwischen ganz gut. Ich war nicht unbelehrbar.

Interpunktion allerdings steht auf einem anderen linierten Blatt. Bis heute sind meine einzigen Regeln zur Kommasetzung Atemnot und Seitenstechen.

Hinter mir betritt Ida gut gelaunt den Raum. Vor zwei Stunden habe ich sie auf ihr Zimmer geschickt. „Geh dich umziehen!" Sie hat diese Zielvorgabe nur knapp verfehlt. Oben ohne setzt sie sich auf den Klavierhocker und verkündet laut, dass sie jetzt noch üben müsse. Es ist 20:45 Uhr. Ich hatte gedacht, dass sie schon seit einer Stunde schläft. Sie haut in die Tasten und verfehlt sämtliche Töne mit großer Leidenschaft. Niemand weiß so genau wie Ida, was ich nach einem langen Tag brauche.

Ich raffe mich auf und tröste mich mit dem Gedanken, dass ich neben Marie noch drei weitere Kinder habe. Addiert ergeben diese Kinder 42 Schuljahre. Zweiundfuckingvierzig. Der Sinn meines Lebens – die Schulkarrieren meiner Lendenfrüchtchen. Ich glotze dumpf in das Green-Line-Workbook. Der Grammatikteil grinst mir höhnisch ins Gesicht. Wir konnten uns damals schon nicht ausstehen. Aber Weglaufen ist keine Option. Auswandern auch nicht. Für die Kinder stimme ich einer Zwangsheirat zu. Heulend und zähneklappernd. Lächelnd schleift mich die Schule zum Traualtar, während Ida unserem Klavier einen grausigen Hochzeitsmarsch entlockt. Ich weiß schon heute, dass ich in 42 Jahren die Scheidung einreichen werde.

mUNOpoly

Es ist Samstag. Es regnet. Es ist langweilig. Es ist so langweilig, dass es sogar mir unangenehm auffällt. Und ich bin ein großer Fan von Langeweile. Tatsächlich ist es so langweilig, dass die Kinder nichts Besseres zu tun haben, als sich gegenseitig an die Gurgel zu gehen und mit Schimpfwörtern nacheinander zu werfen. Auf der Suche nach befriedender Zerstreuung bleibt mein Blick an dem Regal mit den Gesellschaftsspielen hängen. Monopoly wäre eine Option. Lotte und Marie spielen es gerne. Und es ist jedes Mal beruhigend zu sehen, dass meine Töchter den frühkapitalistischen Erziehungsauftrag dieses Brettspiels bisher ignoriert (oder nicht verstanden) haben.

Maries Monopoly-Strategie erschöpft sich in ihrem unbändigen Willen alle gemeinnützigen

Einrichtungen – die beiden Werke und alle Bahnhöfe – zu erwerben, um dann jeden Besucher zu verpassen und niemals Miete einzutreiben. Lotte hingegen hat gar keine Strategie. Für sie ist es wichtig, die Hundespielfigur zu bekommen. Und Ida kauft Straßen nur der Farben wegen. Weil Ida Regenbögen mag, war sie in 34 Monopoly-Partien bisher nicht ein einziges Mal in der Lage Häuser, geschweige denn Hotels zu bauen.

Und keine meiner Töchter kann mich verlieren sehen. Wenn ich durch eine Verkettung unglücklicher Umstände doch mal in finanzielle Schieflage gerate, kann ich stets darauf bauen, dass mir irgendeines der Mädchen Geld zusteckt. Es sind erniedrigende Momente und sie erinnern mich schmerzlich an die Realitäten auf meinem Bankkonto. „Monopoly ist Scheiße!", bringe ich es gedanklich auf den Punkt. Außerdem dauert jede Partie Monopoly länger als die Langeweile. Und weil ich ständig diese diffuse Angst im Nacken habe, dass eine meiner Töchter den fiesen Monopoly-Charakter erkennt und eines fernen Tages Bankerin werden könnte, verwerfe ich die Idee dieser Brettspielmaßnahme.

Ich orientiere mich also in Richtung der kleineren Kartons. Da! Der Klassiker der moderneren Kartenspiel-Kultur. UNO! Retter unzähliger Abende, die kurz davorstanden, in betretenem Schweigen oder dem Vorführen von Lieblings-Youtube-Videos zu enden. „Wollen wir was spielen?“, rufe ich, betrete das Zimmer der Kinder und wedle – Enthusiasmus versprühend – mit der Uno-Packung. Die Kinder blicken gelangweilt in meine Richtung. „Uno ist Scheiße!“ Marie bringt die Dinge gern auf den Punkt. „Du bist Scheiße!“, auch Lotte bringt die Dinge gerne auf den Punkt. Und beide tun es selten nur gedanklich. Ich murmle halbherzig erzieherische Weisungen und wiederhole meine Frage geduldig. „Na gut!“ Die Töchter haben sich gnädig dazu durchgerungen, ihrem Vater einen Gefallen zu tun. Von irgendwoher kommt auch Ida dazu. Wir sind bereit für einen familienidyllischen Spielenachmittag. Auf dem Tisch stehen Knabbereien mit ernährungswissenschaftlichen Botschaften. Niemand wird sie essen, aber sie sehen gut aus und dokumentieren Helenas gutmütterlichen Willen, dieses Großereignis nach Kräften zu unterstützen.

Zehn Minuten später ist alles vorbei. „Lotte, ich hasse dich! Nie wieder spiele ich mit dir!" Mit diesen Worten fegt Marie die Uno-Karten und das Deko-Sesam-Gebäck vom Tisch, springt auf und schlägt auf dem Weg in ihr Zimmer jede Tür hinter sich zu. Jede einzelne Tür. Auch die, die nicht auf ihrem Weg liegen. Auf der Treppe dreht Marie sogar noch einmal um. Sie hat die Tür zum Bad vergessen. Ich schaue Lotte an und schüttle missbilligend den Kopf. Lotte lächelt versonnen. „Papa. Manchmal macht Uno doch Spaß!", sagt sie, während Ida beginnt, die Karten aufzusammeln.

Wartezimmer

„Es wird einen Moment dauern!“, sagt sie, ohne mich anzuschauen. Drückt mir meine Karte in die Hand und wedelt vage in Richtung des Wartezimmers. Ich huste ihr geräuschvoll ein „Danke“ an den Kopf und schlurfe den dunklen Flur hinunter. Auf das Licht hinter der Milchglastür zu. Vor der Tür des Wartezimmers frage ich mich, ob ich für diesen Raum nicht vielleicht doch zu gesund bin. Aber jetzt bin ich ja einmal da. Ich bediene die Türklinke mit dem Ellenbogen. Man kann nie wissen, wo der Tod lauert. Ich wäre wahrscheinlich nicht der Erste, der eine Vorsorgeuntersuchung ohne Befund überlebt, nur um dann zuhause von Pest oder Cholera hinweggerafft zu werden.

Das Zimmer ist voll. Und eng. Es riecht nach kranken Menschen. So wie ich es mag. Die

Stimmung ist super. Alle lächeln. Weiter hinten im Raum spielen zwei fröhliche ältere Herren mit fiebrigen Augen Mau-Mau. Ich schleudere ein „Guten Morgen!“ in den Raum. Freudig erregte Menschen klatschen triefäugig Beifall. Die bleiche Dame mit den trockenen Lippen stimmt ein Begrüßungslied an. Wir schunkeln gemeinsam. Das ist deutsche Willkommenskultur.

In der Tür stehend, imaginiere ich noch ein wenig vor mich hin. Bis ich merke, dass sie mich alle feindselig anstarren. Die kranken, übellaunigen Leute. Der Stuhl neben dem Lesezirkel-Wühltisch ist noch zur Hälfte frei. Auf der anderen Hälfte sitzt das letzte Drittel eines sehr finster dreinschauenden Patienten. Ich umkurve geschickt mehrere Rollatoren und ein Gipsbein. „Ist der Platz noch frei?“ Er grummelt irgendwas in seinen ungepflegten Bart. Ich interpretiere das als „Ja“. Er schnauft genervt, als ich mich zwischen ihn und den Literaturtisch quetsche. Hier bin ich Mensch. Hier darf ich's sein.

Ich blättere lustlos durch eine Ausgabe des Spiegels von 1997 „(Herbst des Terrors“ – damals wie heute). Rechts von mir sitzt die Rentner-Fraktion, die morgens gerne entweder zum Arzt oder in den REWE XL geht. Für den REWE XL ist es vielleicht noch zu früh. Für den Arzt vielleicht schon zu spät. Dilemma. Ich beobachte ein besonders beiges Rentnerexemplar aus den Augenwinkeln. Ab 75 sind scheinbar nur noch Beige, Braun oder Schlamm gesellschaftsfähig. Und natürlich der säuerliche Gesichtsausdruck. In einem freudlosen Grau gehalten. Ich frage mich, warum es immer diese Farbkombinationen sein müssen? Die ganze Erscheinung schreit „Herbst“.

„Herr Lutomsky, in Zimmer drei bitte!“, blechert es aus dem winzigen Lautsprecher über der Tür. Glücklicherweise ist Herr Lutomsky der Typ neben mir. Lutomsky seufzt unwirsch. Oh Deutschland, deine Seufzer. Schwerfällig erhebt sich Lutomsky und bahnt sich rempelnd einen Weg aus dem Zimmer. Jetzt kann ich auch aus dem linken Augenwinkel beobachten. Und links sitzt der Gegenentwurf zu „Herbst“. Sie ist der dritte „Frühling“. Besonders Schuhwerk und Beinkleider der

Dame widersetzen sich den Gepflogenheiten ihrer Generation. Die schwarz-weiß karierte Hose im Möhrenschnitt. Die pinken Socken aus leicht entflammbarer Velours-Viskose. Und das finale Fashionstatement am Ende: die BWLer Schlappen im Kroko-Look – ein optischer Tritt in jeden beigen Arsch.

Aber es ist ein Mehrgenerationen-Wartezimmer. Mir gegenüber sitzt der Kerl aus dem Fitnessstudio. Ende 20. Mit Armen wie Beinen. Das weiße Langarmshirt spannt erotisch. Überall. Fescher Haarschnitt (Undercut. Obendrauf ist das leicht gelockte Haar HJ-gescheitelt). Und sein Vollbart lässt mich vor Neid erblassen. Ich werde die paar Haare in meinem Gesicht fortan nicht mehr Bart nennen können, ohne mich wie ein dreckiger Lügner zu fühlen. So sitzt er da. Der Adonis des Wartezimmers. Nur die Rotznase passt nicht ganz ins Bild. Die Tinder-App auf seinem Handy schließt er erst, als eine attraktive Frau mit asthmatischem Atemrhythmus das Wartezimmer betritt und die Lücke füllt, die Lutomsky hinterlassen hat. Adonis schiebt lässig seine Ärmel nach oben und präsentiert uns stolz seine tätowierten Unterarme. Deutschland seufzt. Dieses Mal nicht genervt, sondern sehnsüchtig. Auch der Frühling seufzt. Wehmütig. Während Herbst noch ein wenig grauer dreinschaut und die schlammfarbenen Arme vor der Brust verschränkt. Der Frau neben mir hat das Seufzen nicht gutgetan und sie ringt nach ihrem rasselnden Atem. Der Lautsprecher knackt: „Frau Sellen in Zimmer 5 bitte!“ Das bin ich. Jedes Mal. Ich schwebe mit betörendem Hüftschwung durch den Raum, öffne die Tür anmutig mit dem Ellenbogen. Tosender Beifall. Ich trete hinaus aus dem Licht, hinein in den dunklen Flur.

Mauerbau

Ich lausche an der Tür. Es knistert dahinter. Es ist das Geräusch von kleinen, klebrigen Fingern, die Schokolade aus Alupapier schälen. Mit einem lauten „HA!“, breche ich die Tür auf und stürme unsere Küche. Auf dem Tresen hockt Ida. Der ganze Raum riecht nach Schokolade. Sie hat die Backen voll. Panisch schaut das Kind in das erzürnte Antlitz seines Vaters. „Hab ich dich erwischt, du dreckiger Dieb! Das sind die Schokoladeneier deines kleinen Bruders. Schäm dich!“, schimpfe ich rohr-spatzig. Ida schluckt schwer. Ich schließe mein Standgepauke mit einem lauten und finalen: „WAS HAST DU DAZU ZU SAGEN?“

Ida überlegt kurz, wischt sich Schokosabber aus dem Mundwinkel und antwortet dann im Brustton der Überzeugung: „Ich war das nicht!“

ICH. WAR. DAS. NICHT. Mein Mund klappt auf. Zu. Auf. Zu. Schnappatmung. Mein Ärger verfliegt. Ich erstarre staunend zur Salzsäule. Glotze ungläubig auf dieses Kind, das dort inmitten eines Tatorts voll mit glitzerndem Beweismaterial sitzt und behauptet, es wäre unschuldig.

Ich versuche Idas Aussage historisch einzuordnen, um Klarheit über meine nächsten erzieherischen Handlungen zu bekommen. Spontan fallen mir nur Maurermeister Walter Ulbricht, Reineke Fuchs und Bill Clinton („I never inhaled!") ein. Und jetzt Ida. Walter Ida Ulbricht. Eine Lüge von epischem Ausmaß. Und ich durfte dabei sein.

„Ida, wer war es dann?", frage ich investigativ und schaue dabei tief in die Seele meiner Tochter. Unter meinem unbarmherzigen Blick verglüht die Unwahrheit im Herzen des Kindes. Doch bevor Ida zu einem Bekenntnis ansetzen kann, marschiert Lotte in die Küche. Sie schaut sich kurz um und erfasst die Situation blitzschnell. Lässig schnipst sie einen bunten Alufetzen vom Tresen. „Papa, Ida war das nicht!" Nein.

Natürlich nicht. Ida lächelt erst ihre Schwester dankbar und dann mich triumphierend an. Eine Woge der Empörung schwappt durch meine autoritären Gedanken. Kleine Gewaltphantasien wüten in meinem Kopf und einige davon haben mit mittelalterlichen Folterinstrumenten zu tun. In der Zwischenzeit ist auch Marie am Tatort eingetroffen. Wahrscheinlich hat sie die Schokolade gerochen.

Die schwesterliche Linie steht jetzt fest geschlossen und feuert aus allen Rohren: „Ich glaube, Emil hat seine Schokolade gegessen, ohne dich zu fragen, Papa! Ich finde das sehr frech! Du solltest ihn dafür bestrafen!" Ich wanke. Innen drin. Und außen auch. Könnte es sein, dass Ida sich wirklich nicht an den Süßigkeiten ihres kleinen, unschuldigen Bruders vergangen hat? Hat Emil Ida vielleicht sogar eine Falle gestellt, um seine eigene Missetat zu verschleiern und sie seiner lieblichen Schwester in die Schuhe zu schieben. Vielleicht hatte Walter Ulbricht wirklich niemals vor, eine Mauer zu bauen?!

Als mein vierjähriger Sohn, Hund spielend, auf allen Vieren um die Ecke gekrabbelt kommt, ist meine Weltsicht bereits zerstört. „Emil. Für dich gibt es heute und morgen nichts Süßes mehr! Du sollst fragen, bevor du dir etwas nimmst!“

Emil schaut mich fragend an, zuckt mit den Schultern und drückt mir dann die Leine in die Hand, die hinten an seiner Hose befestigt ist. „Ich will Hund mit dir spielen, Papa!“ Die Leine strafft sich und mein Hundesohn schleift mich hinter sich her. Hinaus aus der Küche. In meinem Rücken lächeln die schultergeschlossenen Schwestern. Und in der Ferne klatschen Bill, Reineke und Walter Beifall.

Wiegenfest

Unsere Kinder werden ständig auf Geburtstage eingeladen. Ich frage mich, woran das liegt?! Entweder gibt es zu viele Kinder, deren Eltern sich so abgöttisch über ihre Sprösslinge freuen, dass diese gleich mehrmals im Jahr ihre Ankunft feiern dürfen, oder aber meine Töchter sind einfach sehr beliebt. Zweiteres halte ich für ausgeschlossen. Ich kenne diese Mädchen. Es ist ein Phänomen. Sobald sie in fremde Häuser marschieren, sind sie zuvorkommend, folgsam und können mit Messer und Gabel essen. Aber wehe, es fällt die heimische Tür ins Schloss.

Am Ende ist es auch egal, ob sich Marie ihre Geburtstagseinladungen mit lauteren Mitteln erprügelt hat oder nicht – die Konsequenz ist immer dieselbe: Helena oder ich?! Irgendjemand muss sie abholen. Diesmal bin ich es.

Ich fahre also die Auffahrt hinauf. Nein. Ich würde die Auffahrt gerne hinauffahren, aber das geht nicht. Dort stehen bereits viele Autos. So viele Freunde, wie dort Autos stehen, kann niemand haben, denke ich und werde eines Besseren belehrt. Aus der offenen Haustür quillt ein bunter Schwall völlig überzuckerter Kinder. Ich falle rückwärts zu Boden. Kinder trampeln über mich hinweg. Irgendwann beugt sich Marie über mich und brüllt mir mit irrem Blick „SCHNITZELJAGD!" ins Gesicht. Dann ist sie weg. Von drinnen höre ich einen gut gelaunten Vater rufen: „Halli Hallo. Kommse rein, könnse rausgucken! HAHAHA. Sie sind ein bisschen früh, mein Lieber. Wir haben noch nicht gegessen. Warten sie doch einfach hier."

Kommse rein, könnse rausgucken? Ich muss mich verhört haben. Aber dann ist der Vorzeigevater aus den 80er Jahren auch schon an mir vorbei. „Stückt mal nen Rück!", höre ich ihn jodeln, als er zu den Kindern aufschließt. Mittlerweile stehe ich wieder. Und als ich mir das Blut aus den Augen gewischt habe, eröffnet sich mir das ganze furchtbare Ausmaß dieses Wiegenfestes.

Ich bin vertraut mit Rosa und Pink und Prinzessinnen. Aber das hier ist lächerlich. Ich blicke in den Vorhof des Mädchenhimmels. Alles blinkt und glitzert und riecht nach Vanille und fühlt sich flauschig an. Bunte Luftballons mit Barbie- und Pferdemotiven kleben unter der Decke. Rosapinkglitzerkonfetti und Luftschlangen bedecken den Boden. Überall. Knöcheltief. Ich stolpere ins Wohnzimmer und stehe direkt vor einer anderthalb Meter hohen Geburtstagstorte. Kunstvoll geschmückt ist dieses Backwunderwerk mit Buttercremeschleifen und Zuckerergüssen. Auf den verschiedenen Tortenebenen sind die aufregendsten Szenen aus dem Leben der Prinzessin Lillifee nachgebildet. Aus Marzipan.

In einer Ecke des riesigen Wohnzimmers sitzen auf einer weißen Holzbank mit roten Herzen ein paar verstörte Väter, die auch gedacht haben, dass die handgebastelte, singende, klingende Einladung zu diesem Geburtstag 19:00

Uhr meinte, als sie das Ende der Feier um 19:00 Uhr besang. Wir sind also alle zu früh. Und die Kinder haben noch nicht gegessen. Ich quetsche mich zu den anderen auf die Bank. Links neben uns steht ein enormes Süßigkeitenbüffet auf einem liebevoll – vermutlich handgedrechselten – Art-Deko-Schränkchen. Alles ist pink. Pinke Maoam-Kracher, pinke Lutscher, pinke Weingummischnüre, pinke Zuckerwatte. Unter dem Büffet liegt ein kleiner junge und hält sich mit schmerzverzerrtem Gesicht den aufgeblähten, pinken Bauch.

„Unfassbar", sagt der Vater neben mir und deutet mit dem Kopf in das monochrome Inferno. Ich nicke. Die beiden anderen halten sich die Augen zu. Einer der Väter scheint nur mit Mühe einen epileptischen Anfall niederkämpfen zu können. „Glaubst du, das ist gefährlich? Es riecht hier nach Krebs. Wir sollten die Evakuierung unserer Kinder einleiten." Aber dazu kommt es nicht. Aus der Küche kommt die Herrin des Hauses getrippelt. Sie hat sich kleine Glocken ins Haar gebunden. Ihre Fingernägel sind gülden lackiert. Sie reicht uns Saft und Erdbeereis.

Fünf Minuten später stürmen, angeführt vom Vintage-Vater, schwerbepackte Kinder das Wohnzimmer. Marie erspäht mich. Sie hat lauter Geschenke im Arm. Sie schwitzt und atmet schwer. „Schau mal Papa. Das haben wir alles gefunden!" Sie lässt ihren Beuteanteil vor meine Füße fallen. Es sind mehr Geschenke, als Marie und ihre Geschwister zusammen zu Weihnachten bekommen haben. Der Junge unter dem Tisch wimmert nicht mehr.

„Kommt, ihr lieben Geburtstagsprinzessinnen! Es gihihihibt Kuchen!", flötet die Dame des Hauses. Alle versammeln sich um die Torte. „Und jetzt noch ein Geburtstagslied für unser liebstes Geburtstagskind!", fordert der Vater. Mit einem Nicken gibt er den verfrühten Vätern zu verstehen, dass Mitsingen durchaus erwünscht ist. Nun stehen wir also um die Torte und singen „... heute kann es regnen, stürmen oder...", als die Torte anfängt, sich zu bewegen. Alle weichen erschrocken zurück. Es singen nur noch die Übereltern. Laut und schrill. Und dann explodiert die Torte. Kinder schreien, laufen wild durcheinander und versuchen, den umherfliegenden Marzipansplittern auszuweichen.

Dann wird es ruhig. Und als sich der Glitzer-Kuchen-Konfetti-Nebel gelegt hat, klettert ein kleines Pony aus der Tortenruine. Es tänzelt anmutig auf den Hinterbeinen und wiehert dann euphorisch. „Herzlichen Glückwunsch, Schatzi!", jubilieren die Eltern hysterisch.

Marie zupft an meinem Pulli. „Papa. können wir jetzt bitte gehen?" Vorsichtig klettern wir über weinende Kinder. Ein Vater sucht, verzweifelt rufend, nach seiner Tochter. Wir erreichen den Ausgang. Steigen ins Auto. In der Ferne wiehert ein kleines Pony, kreischen ekstatische Eltern. Gemeinsam mit meiner Tochter fahre ich in den Sonnenuntergang, der den Himmel pink gefärbt hat.

Ulf

Ich sitze im Zug von Berlin nach Köln. Ich habe meine Kopfhörer vergessen. Wenn mir das passiert, muss ich immer ganz genau aufpassen, wo ich mich hinsetze. Kopfhörer sind die Sonnenbrille für die Ohren. Und weil ich die Welt nicht werde ausblenden können, muss ich bei der Wahl meines Sitzplatzes vorsichtig sein. Hauptsache nicht in die Nähe von Kindern. Niemals in die Nähe von Kindern. Nicht, weil ich Kinder nicht mag, sondern weil Eltern schwierig sein können. Besonders reisende Eltern. Und ganz besonders reisende Eltern, die schon einen Dreistundentrip hinter sich haben und für die mein Zug nur ein Anschlusszug ist. Also halte ich Ausschau nach Kindern, denn da wo Kinder sind, da sind Eltern meist nicht weit.

In einer 4er-Sitzgruppe mit Tisch ist noch Platz. Eine 4er-Sitzgruppe mit Tisch ist ein echter Anfängerfehler, wenn man Kinder und ihre Eltern meiden möchte. Aber 1. sind weit und breit keine Kinder zu sehen und 2. wäre die Alternative ein Sitzplatz im Gang vor der Toilette. Das Abwägen meiner Optionen hat ergeben, dass ich dann doch lieber Gefahr laufe, neben gestressten Eltern zu sitzen, als mich in unregelmäßigen Abständen von feuchtwarmen Fäkal-Winden umwehen zu lassen.

Der Zug füllt sich und es sieht fast so aus, als würden Kinder und Eltern heute nicht von Berlin nach Köln fahren müssen. Mir gegenüber hat ein älteres Ehepaar Platz genommen. Die Dame hat sich bereits in das Kreuzworträtsel der Bunten vertieft, während er sich in Schweigen hüllt und aus dem Fenster starrt, offensichtlich bestrebt, schnell einzuschlafen. Und neben mir sitzt ein desinteressierter Teenie und schreibt Nachrichten in 32 verschiedene WhatsApp Gruppen.

Ich will mich gerade entspannt zurücklehnen und für meine Sitzplatzwahl beglückwünschen, als die 4er-Sitzgruppe jenseits des Ganges von einer vierköpfigen Familie lautstark in Beschlag genommen wird. Ein Junge und ein Mädchen werden von ihren Eltern auf die Sitze geschoben. „Aber Paula hat vorhin schon am Fenster gesessen." „Mama, Jeremias hat mich gebissen." Das ältere Ehepaar gegenüber von mir schaut alarmiert. Der Teenie zu meiner Rechten ist bemüht, noch ein wenig desinteressierter auszusehen.

Mama hat sich Paulas Bisswunde zugewendet. „Ulf, jetzt sag du mal was!" Ulf liest dem Sohn die Leviten. „Jeremias. Das tut Paula weh, wenn du sie beißt. Lass das bitte, denn Paula möchte das nicht." Der so Gemaßregelte pult sich gelangweilt Paulas Haut aus den Milchzahnzwischenräumen.

Ich klappe meinen Rechner auf und öffne eine Excel-Tabelle, um mich aus der Umgebung zu verabschieden. Es wird nicht funktionieren. Zu großartig gestaltet sich das Schauspiel auf der Gegenseite. Ulf hat DIE ZEIT aus seinem Rucksack geangelt, um sich dahinter zu verstecken, während seine Frau verzweifelt versucht, die Kinder zu bändigen. „Wer möchte Salzstangen?“ Die Kinder sind nicht begeistert, aber Salzstangen sind sicher besser als die geschmacklosen Reiswaffeln, die sie gelangweilt auf dem Tisch zerbröselt haben. Die Packung mit den Salzstangen gerät in die Hände von Jeremias, der sie schwungvoll aufreißt. Es regnet salziges Gebäck. Überall. Die Kreuzworträtsel lösende Frau von Gegenüber entkrümelt genervt erst ihre Zeitschrift und dann ihren Mann.

Der Teenie schaut mich an. Mit Blicken treffen wir eine stille Übereinkunft. Wir sammeln die unversehrten Salzstangen aus unserer Umgebung und legen sie auf den Tisch vor uns. Knabbernd lehnen wir uns zurück. Mama kriecht auf allen Vieren durch den Gang und sammelt Gebäck, während Jeremias bemüht ist, die restlichen Salzstangen mit den Füßen möglichst tief in die Sitzbezüge zu treten. Ulf liest Zeitung.

Fünf Minuten später hat Mama den Flurschaden behoben. Die Kinder halten pädagogisch wertvolle Bücher in den Händen und gucken dementsprechend begeistert. Jeremias ist es schnell zu blöd. Er klappt „Oh, wie schön ist Panama“ zu und wirft damit nach seiner Schwester. Paula jault. Jeremias hüpft jetzt mit seinen Highend GEOX-Kinderschuhen auf dem Sitz neben seinem Vater auf und ab und stößt dabei spitze Schreie aus. Ulf liest Zeitung. Mama hält auf der anderen Seite die, noch immer theatralisch schluchzende Paula im Arm und liest ihr Michael Endes „Momo“ vor. Eigentlich liest sie dem ganzen Abteil „Momo“ vor. Denn um das Gebrüll ihres Sohnes zu übertönen, muss auch sie schreien. „Die ganze Welt ist eine große Geschichte, und wir spielen darin mit.“, brüllt sie. Es ist eine ganz eigene Interpretation von Momo. „Eigenartig“, sagt der Teenie zwischen zwei Salzstangen, „Ich hätte nicht gedacht, dass Momo so klingt!“ Ich hätte nicht gedacht, dass der Teenie so klingt.

Mama merkt, dass das so wenig Sinn hat und greift hart durch. „Jeremias!“ Jeremias hüpft und brüllt. „Seine Affenimitation ist wirklich gut.“, raunt mir der Teenie anerkennend zu. Ich muss ihm recht geben. Jeremias ist ein richtiger Affe. „JEREMIAS!“ ruft Mama. Jeremias dreht sich zu ihr um. „Jeremias. Fünf Minuten Kletterpause!“ Jeremias lässt sich mit einem letzten spitzen Schrei seitlich in die Zeitung seines Vaters fallen. Ulf starrt wütend und graugesichtig auf die zerrissene ZEIT in seinem Schoß. Michael Ende hätte es genauso gewollt.

„Ulf. Jetzt kümmere du dich doch auch mal!" Ulf atmet tief durch und spricht ein Machtwort: „Ich finde das alles sehr blöd! Kann denn hier nicht jeder mal machen, was er will?!" Stille. Das hat gesessen. Das ganze Abteil ist tief beeindruckt von diesem erzieherischen Kabinettstückchen. Jeremias hat am schnellsten geschaltet. Er macht was er will, springt von seinem Sitz, rennt kreischend den Gang runter und verschwindet im nächsten Wagen. Ulf ist zufrieden. Er hält die ZEIT in seinen Händen.

Gemeinsamstag

Marie rülpst laut und feucht über den Frühstückstisch. Lauwarm weht uns der Duft von Salami und Ei um die Nasen. Die Mädchen brechen in schallendes Gelächter aus, während Emil unbeeindruckt weiter sein Müsli verwüstet. „Marie, du bist ein Schwein!", ruft Helena mütterlich erbost über den Tisch. Ich schwanke zwischen Abscheu und Bewunderung, zwischen erhobenem Zeigefinger und Ghettofaust. Was für ein Prachtrülps. „Nein, Marie! Das geht wirklich nicht. Das ist eklig und unpassend." Meine Standpauke kommt nicht von Herzen und das spüren die Kinder sofort. Wie kleine Bluthunde können sie menschliche Schwächen sofort wittern. „Komm Papa. Der war super. Und sonst machst du das auch!", argumentiert die Gescholtene.

Sie hat recht. Ich mache das auch. Gerne und inbrünstig und unpassend. Und hinterher lache ich dreckig in die ehrfürchtigen Gesichter meiner Kinder. Helena findet das nicht witzig. Nie. Und ich werde wohl nie verstehen, warum?! „Das haben sie von dir. Du bist auch ein Schwein." Da hat sie vollkommen recht. Ich wende mich schuldbewusst wieder meinem Essen zu. Mein Blick begegnet Maries und es ist ein Moment vollkommenen Verständnisses. Wir nicken uns still zu. Helena rollt mit den Augen und ist bemüht, ein Lächeln zu unterdrücken.

Später werfen wir die Kinder raus. Das Wetter ist gut. Und wenn das Wetter gut ist, dann brauchen sie uns nicht im Haus auf die Nerven zu gehen. „Und vor zwölf braucht ihr auch nicht wieder reinkommen!" Die Mädchen trollen sich. Auf dem Weg zur Haustür schnappen sie nacheinander. Ich blicke ihnen nach und fühle mich an die Raptoren aus Jurassic Park erinnert. Die versuchen auch immer, sich gegenseitig zu beißen, sind aber eigentlich die besten Buddies, wenn es darum geht, den fetten Triceratops noch vor der Mittagspause fertigzumachen. Endlich haben sie die Schuhe an und stürzen johlend nach draußen. Mir tut der Triceratops jetzt schon ein bisschen leid.

Ich überlege gerade, was ich nun mit all der freien Zeit anfangen soll. In einem Anfall von Deutschtümelei überlege ich, die Dachrinnen zu säubern oder das Unkraut aus den Fugen der Einfahrt herauszukratzen. Aber ehe der Wahnsinn weiter Besitz von mir ergreifen und den spießigen Deutschen in mir wecken kann, klingelt es schon an der Tür. Ida steht da. „Ida, da steckt ein Schlüssel im Schloss. Seit hundert Jahren schon. Kannst du den bitte benutzen? So wie sonst auch?", empfange ich meine Tochter liebevoll an der Tür. „Äh!... den Schlüssel habe ich gar nicht gesehen. Ich muss mich umziehen!" Natürlich muss sie sich umziehen. Meine Töchter ziehen sich ca. drei- bis viermal am Tag um. Aus verschiedensten Gründen. Manchmal eskaliert das Prinzessinnen-Spiel und eine der jungen Monarchinnen beginnt, spontan zu bluten oder zu heulen. Meist ist das Eine kausal mit dem Anderen verknüpft und dann müssen blut- und tränendurchtränkte Kleider gewechselt werden.

Diesmal ist es anders. Ida hat nicht mit 22 Grad Außentemperatur gerechnet und meint nun, ihre lange Thermo-Strumpfhose und die Winterstiefel gegen kurze Beinkleider und Sandalen tauschen zu müssen. Während sie nach oben geht, um alle erforderlichen Utensilien aus ihrem Schrank zu reißen – und ganz nebenbei die komplette Ordnung ihrer Mutter zu zerstören – gehe ich ins Bad, um in Ruhe zu rülpsen und sonstige Geschäfte zu erledigen. Als ich zurück ins Esszimmer komme, sitzt Ida nackt auf dem Tisch und ist gerade dabei, ihre Fußnägel zu schneiden. „Papa. Ich weiß was du jetzt sagen willst...!" Ida hat keine Ahnung, was ich gerade sagen will. Ich weiß es ja selbst nicht. Die Szene ist von dadaistischer Schönheit. Mein innerer Man Ray wünscht sich eine Polaroid-Kamera, um diesen Moment für die sinnsuchende Nachwelt festzuhalten. Dieses kleine, nackte Mädchen, das mitten in diesem stilllebigen Frühstücksszenario mit einem Nagelknipser ihre Keratinplatten so beschneidet, dass sie in hohem Bogen in Nutella, Butter und Schwartau-Marmelade segeln – all das ist von einer grotesken Schönheit. Es ist der stille Widerstand eines Mädchens, das sich gegen die Langeweile des samstäglichen Morgens stemmt und ihren Vater vor der spießigen Einfalt seiner deutschen Gedanken rettet. Wer könnte in dieser Situation an moosige Dachrinnen oder verunkrautete Einfahrten denken. Nein. Dieser Samstag braucht ein paar Guerillakinderaktionen. Wir werden uns bei meinen Eltern zum Essen einladen und jeder Rülps am Esstisch wird mit gebührendem Applaus und einer Ghettofaust gefeiert werden.

Intelligenzbestien

„Papa. Ich will dir mal erzählen, was deine Tochter besonders gut kann!" Marie will über sich selbst sprechen. Neuerdings gerne in der dritten Person. Ihre große Schwester verdreht die Augen. Es ist wieder so weit. Marie atmet tief ein, um weiter ausholen zu können. „Ich schreibe gute Noten, ohne zu lernen. Ich bin eine begabte Schauspielerin. Ich bin sportlich. Ich kann singen. Und ich bin schön." Sie holt nochmal Luft und fährt dann fort. „Ich habe ein überragendes Gedächtnis. Ich bin humorvoll und niemand spielt das Steinchen-Spiel so gut wie ich." Das stimmt leider. Niemand spielt das Steinchen-Spiel so gut wie sie. Allerdings kann auch niemand mit Gewissheit behaupten, dass Marie beim Spielen nicht betrügt. Alles geht so schnell, wenn sie Steine sammelt und verteilt.

Als Marie ihre kleine Eigenlobhymne beendet hat, stolziert sie zufrieden davon, um woanders schön, klug und sportlich zu sein. Ihre große Schwester bleibt sitzen und sagt gar nichts. Lotte grübelt leise vor sich hin. Ich erahne die Gedanken hinter ihrer sorgfältig gefalteten Stirn. Manchmal ist es schwer, eine so offensiv begabte und selbstbewusste Schwester zu haben. Ich leide leise mit ihr. Emil kommt vorbeigeschlendert. Er kann Gedanken und Traurigkeit riechen. Er bleibt vor seiner Schwester stehen und mustert sie eingehend. Dann dreht er sich um und holt Lotte ein Taschentuch. Sie zieht ihn mitsamt Taschentuch auf ihren Schoß. Die beiden verstehen einander und andere. Oft auch ohne Worte.

Wir haben schon häufig darüber gesprochen, dass es unterschiedlichste Begabungen gibt und dass viele davon in der Schule keine zählbare Rolle spielen. Aber das hilft Lotte im Moment natürlich nicht weiter. Was nicht gemessen und benotet wird... das zählt auch nicht. Ist nichts wert. Ach ja. Schule. Der Ort, der es der einen Tochter so einfach macht, sich für etwas Besonderes zu halten, während die andere darunter leidet, dass einige ihrer Talente nicht ins Notenschema passen. Lotte weiß, wer sie ist und was sie kann. Aber sowas vergisst man in der Schule schnell.

Ich will Lotte etwas zeigen. Wir ziehen uns an und spazieren rüber zu meiner Mutter. Die hat nämlich ihren Dachboden aufgeräumt und dabei Teile meiner Kindheit gefunden. Dunkle Kapitel meiner Schulkarriere. Mathe-Klassenarbeitshefte mit zynischen Lehrerkommentaren unter meinen ahnungslosen Rechenbemühungen. „Die Arbeit sieht so aus, als hättest du an meinem Unterricht nicht teilgenommen." Mangelhaft. Ungenügend. Vernichtende Urteile mit Rotstift ins Papier gebrannt, während die bleigestiftete Geometrie darüber längst verblasst ist.

Das überhaupt irgendwas aus mir geworden ist, grenzt an ein Wunder. Lotte ist begeistert. Ihr Vater war keiner von den Guten. „Du bist sicher, dass Marie deine Tochter ist?" Lotte blickt ungläubig in meine Hefte, die vor schlechter Grammatik und miserabler Zeichensetzung nur so strotzen. Ich versichere ihr, dass ich bei der Zeugung ihrer Schwester zugegen war und nehme ihr meine Vergangenheit aus den unverschämten Händen. Verzogene Göre. Aus dem rotgetränkten Deutschheft (Klasse 6d) fällt ein maschinenbeschriebenes Blatt. Einer meiner ersten Texte. Ein frühes Meisterwerk. Nicht mehr und nicht weniger. Es trägt den Titel „Anselm der Größte". Lotte entreißt mir das vergilbte Papier und beginnt, laut vorzulesen:

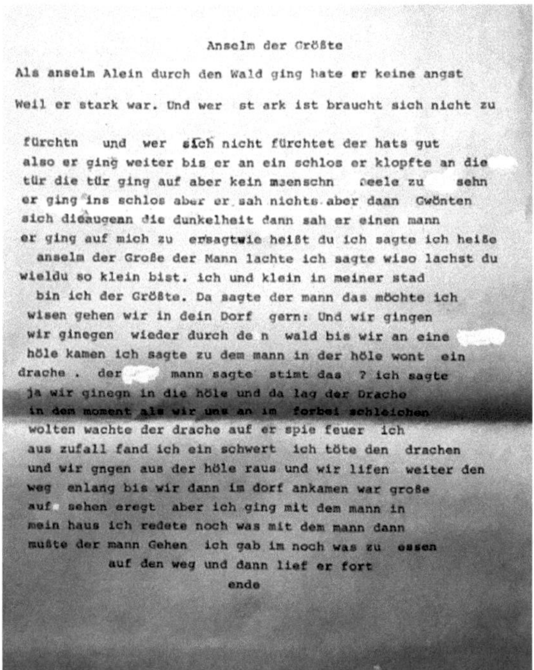

Anselm der Größte

Als anselm Alein durch den Wald ging hate er keine angst

Weil er stark war. Und wer st ark ist braucht sich nicht zu

fürchtn und wer sich nicht fürchtet der hats gut
also er ging weiter bis er an ein schlos er klopfte an die
tür die tür ging auf aber kein maenschn Seele zu sehn
er ging ins schlos aber er sah nichts aber daan Gwönten
sich dieaugenn die dunkelheit dann sah er einen mann
er ging auf mich zu ersagtwie heißt du ich sagte ich heiße
anselm der Große der Mann lachte ich sagte wiso lachst du
wieldu so klein bist. ich und klein in meiner stad
bin ich der Größte. Da sagte der mann das möchte ich
wisen gehen wir in dein Dorf gern: Und wir gingen
wir ginegen wieder durch de n wald bis wir an eine
höle kamen ich sagte zu dem mann in der höle wont ein
drache . der mann sagte stimt das ? ich sagte
ja wir ginegn in die höle und da lag der Drache
in dem moment als wir uns an im forbei schleichen
wolten wachte der drache auf er spie feuer ich
aus zufall fand ich ein schwert ich töte den drachen
und wir gngen aus der höle raus und wir lifen weiter den
weg enlang bis wir dann im dorf ankamen war große
auf sehen eregt aber ich ging mit dem mann in
mein haus ich redete noch was mit dem mann dann
mußte der mann Gehen ich gab im noch was zu essen
auf den weg und dann lief er fort
ende

Lotte lacht laut. Meine Mutter auch. Ich kann nichts Witziges daran finden. „Ja. Lustig. Lacht ihr nur. Ich war vier, als ich das geschrieben habe. Ich bin ein Genie." Meine Mutter hebt lächelnd die Augenbrauen und weist ihre Enkeltochter an, das Datum auf der Rückseite des Blattes vorzulesen. Lotte kommt dem Wunsch gerne nach und verkündet laut die niederschmetternde Wahrheit. 1991. „Mein Lieber. Es tut mir leid, aber als du das geschrieben hast… warst du zehn."

Ich bin mir sicher, dass ich dafür andere Dinge gut konnte. Dinge, auf die es keine Noten gab. Lotte nimmt meine Hand und keine zwei Sekunden später steht Emil mit einem Taschentuch vor mir. Wir können andere Dinge.

Medienveganismus

„Wir haben keinen Fernseher!" Früher hat dieser Satz zu anerkennendem Geraune in Gesprächsrunden geführt. Jetzt nicht mehr. Vor ein paar Jahren stand ein fernsehfreier Wohnbereich noch als Synonym für verantwortungsvolle Elternschaft. Jetzt nicht mehr. Wer keinen Fernseher hatte, wurde sofort für einen feingeistigen, bücherlesenden Intellektuellen gehalten. Wir, die wir uns gegen die Anschaffung eines Heimkino-Systems entschieden hatten, fühlten uns erhaben und sozial integer. Wir waren die Veganer des Medienkonsums. Jetzt nicht mehr.

Schuld ist das scheiß Internet. Wieder mal. Es verdirbt nicht nur unsere Kinder, sondern – was viel schlimmer ist – unseren Ruf. Woran können andere nun festmachen, dass wir nicht nur kluge, sondern auch tolle Eltern sind? An unseren Kindern sicher nicht. Das antiautoritäre Umfeld hat sie zu früh glauben gemacht, dass auch ihnen eine eigene Meinung zustünde. Meine Kinder zitieren mittlerweile aus Gesetzestexten, wenn ihnen meine Erziehungsmethoden nicht gefallen. Vorbei die Zeit, in der meine sonor gemurmelten Worte für Ruhe, Ordnung und eine universale Sicht auf die Welt gesorgt haben. Meine Töchter haben eigene Köpfe. Das zeigt sich auch in unserem Medienkonsum.

Früher habe ich allein über den Klapprechner und damit über das Internet und seine Inhalte verfügt. Mittlerweile kann auch der vierjährige Emil unseren Rechner bedienen. Seit unzählige Kindergriffel dieses Notebook begrapschen, habe ich gar keine Lust mehr, das Gerät zu bedienen. Das ist faktisch auch gar nicht mehr möglich, weil Touchpad und Tasten jetzt dauerhaft mit einem klebrigen Kinderfingerfilm überzogen sind. Vermutlich eine Mischung aus Apfelsaft, Pipi und Schokolade. Die Tastatur ist zu einer Fliegenfalle geworden.

Am Anfang habe ich noch laut gemotzt und Schuldige ermittelt. Mittlerweile ist es mir egal. Mit stoischer Ruhe und Babyöl löse ich mit großer Regelmäßigkeit kleine Fingerkuppen von verharzten Buchstabentasten.

So ist auch dieses Stück elterlichen Eigentums schleichend von meinen Kindern annektiert worden. Ich bin die Ukraine und habe mich mit dem Verlust der Krim abgefunden. Ich wehre mich nicht mehr, wenn ich an einem Samstagmorgen in die Küche schlendere und nicht von meinen Kindern, sondern von Julian, Dick, Anne und George und Timmy, dem Hund begrüßt werde. Alle 116 Folgen sind auf Spotify verfügbar und meine Töchter machen regen Gebrauch von dieser Enid-Blyton-Flatrate. Ich mache mir Tee und lehne mich lässig an den Tresen: „Na, Marie?! Wer lässt sich denn diesmal entführen?" Marie rollt nur mit den Augen und widmet sich wieder ihrem Asterix-Comic. „Ist dir eigentlich nie aufgefallen, dass die Fünf Freunde schon 116mal Sommerferien hatten? Die sind nie über die siebte Klasse hinausgekommen. Eigentlich sind die nämlich strunzdumm." Nach kurzer Zeit beschließt Marie, mich nicht mehr zu ignorieren. Genervt lässt sie

Asterix sinken. Im Hintergrund bellt Timmy, der Hund. „Darum geht es nicht, Papa! Schule ist denen egal!"

So habe ich das noch gar nicht gesehen. Die Fünf Freunde sind Guerilla-Programm. Tante Fanny ist nur oberflächlich besorgt und Onkel Quentin chronisch desinteressiert (bis er wieder mal entführt wird). Der ist froh, wenn die blöden Kinder Schwerverbrecher verfolgen, hin und wieder einen Schatz finden oder alleine auf offener See Bötchen fahren. Schule? Lernen in den Ferien? Ach was. Es gibt wichtigere Dinge und die sind alle ohne Schulabschluss möglich. „Papa, ich muss jetzt weiterlesen...!"

Zehn Minuten später kommt Lotte in die Küche, setzt sich übellaunig an den ungedeckten Frühstückstisch und starrt mich böse an. „Die Eltern von Lara kümmern sich um ihre Kinder!" Ich bin mir nicht sicher, welche der vielen Laras sie meint. Wahrscheinlich alle. Eltern von Laras lieben ihre Kinder so sehr, dass sie an Samstagen lächelnd die Tische in den Angesichtern ihrer Kinder decken. „Das tut mir leid, Lotte. Ich kann dich Lara nennen, wenn dir das irgendwie hilft!?” Lotte grunzt in meine Richtung und stürzt sich dann auf ihre Schwester. „Immer die Fünf Freunde. Die sind total dumm!” Aha. Also doch. „Ich will Hanni und Nanni hören!” Und während der Faustkampf in vollem Gange ist, überlege ich angestrengt, wie ich Hanni und Nanni vermeiden kann. Hanni und fucking Nanni. Warum werden die eigentlich nicht ständig entführt? Und dann von ihren Mitschülerinnen ausdauernd gefoltert? Diese Mischung aus „Best Friends For Life“ und STASI-Spitzel beflügelt meine dunklen Gewaltphantasien.

Am Ende kommt Emil und beendet jede Diskussion mit einem „Kann ich Feuerwehmann Sam gucken?” Und während wir alle noch in stillem Entzücken über den kleinen, blonden Jungen mit dem drolligen Lispeln sind, stellt der sich an den Rechner, startet Youtube und sucht die Folge mit dem Hubschrauber. Wir sind ganz offensichtlich weder ordentliche Intellektuelle noch anständige Medienveganer.

Kreisheimattag

Vor der kleinen Sparkassen-Bühne mit der Aufschrift „Kulturförderung in der Region" stehen hüfthohe Absperrgitter aus deutschem Stahl. Vor den Absperrgittern stehen deutsche Bierbänke. Auf den Bierbänken sitzen deutsche Mittfünfziger. Warum die Gitter vor der Bühne stehen, weiß niemand. Wahrscheinlich Festival-Deko. Auf der Bühne spielt das letzte Jugendblasorchester der Welt und die Gefahr, dass ein ekstatisches Fangirl auf die Bühne springt, um sich vor einem Trompeter laut kreischend die Klamotten vom Leib zu reißen, scheint eher gering.

Langsam rottet sich jetzt auch eine Herde Eltern vor der Bühne zusammen. Der nächste Act ist nämlich die Bläserklasse 6 der Schule meiner Tochter. Bläserklasse. Notenständer. Innerlich muss ich darüber immer wieder kichern. Idiot. Aber noch spielt das aussterbende Jugendblasorchester tapfer gegen den nahenden Tod. Ein Phil Collins Medley. „Sussudio". Die Hörer von Endlosschleifen-Radiosendern kommen hier voll auf ihre Kosten. Für mich ist Phil Collins im Auto immer ein guter Grund, laut schreiend die Fassung zu verlieren, das Radio aus der Konsole zu reißen und die Musikredakteure der deutschen Radiolandschaft zu verfluchen. „In The Air Tonight". Neben mir wippen ein paar Eltern in Teva-Sandalen auf und ab. Es wird noch dauern, bis Lotte und ihre Bläserklassenkameraden/-innen zu ihren großen Momenten kommen. „Another Day In Paradise."

Ich beschließe, mich umzuschauen. Auf den gesperrten Straßen drängeln sich Fressbuden an begeisterten Menschen vorbei. Irgendwo werden iPads verschenkt und der Lions-Club promotet sein neues Bildungsprogramm für das örtliche Gymnasium. Ein gequält freundlich dreinschauender Anthroposoph in schicker Uniform erklärt den wenig Interessierten, wie auch sie zu Förderern der Elitenbildung werden können. Es geht um Geld. Natürlich. „Nehmen sie an unserem Quiz teil. Für jede richtige Antwort spenden unsere Mitglieder Geld. Wenn wir am Ende des Tages die Mittel noch nicht zusammen haben, dann werden unsere Mitglieder den Differenzbetrag aus eigener Tasche zahlen." Das Loch in der Logik dieses Spielsystems ist das Spiel selbst. Es ist sinnlos. Ich mag das. Offensichtlich Sinnloses ist selten. Ich spiele eine Runde und beantworte jede lokalkolorierte Frage falsch. Der Löwe im Sakko lächelt mitleidig und muntert mich mit einem „Ist ja egal" auf. Das stimmt. Es ist egal. Ihr bezahlt ja für mein Unwissen. Ich brauche noch etwas zu essen, bevor ich mich durch das bunte Portfolio ausgesuchter blasmusikalischer Hochgenüsse sitze.

Direkt neben der Bühne steht die mobile Backfischbude. Da wird frittiert. Da will ich hin. Die Schlange ist lang. Phil Collins macht hungrig. Ich sehe die ersten Backfischopfer an mir vorüberziehen. Sie sehen glücklich, aber verzweifelt aus. Der Backfisch ist eher ein Backwal. Ein in Fett gesottenes Ungetüm, das in einem winzig wirkenden Brötchen über die Theke gereicht wird. Völlig überforderte Hände versuchen, heiß triefendes Fischfleisch in den Griff zu bekommen. Die ganz Mutigen wollen auch die Knoblauchsoße. Benutzerfreundliches Snacken sieht anders aus. Vor dem Trailer spielen sich epische Kampfszenen ab. Der Backfisch ist auch im Tode noch ein wehrhaftes Tier. Mensch gegen Natur. Von der Bühne blasen die Sterbenden „One More Night", während Menschen verzweifelt mit panierten Meeressäugern ringen. Ich entscheide mich spontan für den Hunger, verlasse die Schlange und gehe auf Platzsuche. Den einzigen freien Platz finde ich auf der Kinderbank direkt vor der Bühne. Die Kinder halten Eis in den Händen. Eis gehört zu den Süßigkeiten, die für unter Siebenjährige gesetzlich verboten sein sollten. Besonders wenn diese kurzbeinigen Kinder zappelnd um Gleichgewicht auf Bierbänken ringen und nach Halt greifen. Ich werde stehen. Sie werden fallen.

Die Eltern werden unruhig und auch das Jugendblasorchester spürt die gereizte Stimmung im Publikum. Bevor die ersten Buhrufe erklingen, hat der Orchesterleiter ein Einsehen und beendet den Auftritt. Die älteren Herren des Jugendblasorchesters verlassen die Bühne, um ihren Tod an einem der Bierpilze zu betrauern.

Die Zukunft stürmt die Bühne und als alle endlich ihre Instrumente zusammengebaut und Stellung bezogen haben, ist das Ergebnis erstaunlich hörbar. Ich habe mit einer akustischen Katastrophe gerechnet. Sie bleibt aus. Die Eltern sind begeistert. Wir stehen und spenden tosenden Applaus. Die zu Tränen gerührte Großelternfraktion fordert rhythmisch klatschend eine Zugabe. Das ist dann auch übertrieben. Die ersten lampenfiebrigen Kinder haben in aller Eile ihre Instrumente entspeichelt und sind geflohen. Als der Musiklehrer sich zu seinen Schülern umdreht sieht er viele leere Plätze. Dort wo eben noch Kinder saßen, sind jetzt nur noch kleine Pfützen. Verpufft. Mit einem Achselzucken fingert der erfahrene Lehrer seine Trumpfkarte aus dem Notenstapel. „Phil Collins For Kids".

Familienfoto

Im Kindergarten ist heute einer dieser lokalen Star-Fotografen. Einer mit so einem kleinen Fotoladen, in dessen Schaufenster die schrecklichsten Hochzeitsfotos der Welt stehen. Direkt neben den schlimmsten Aktportraits in der Geschichte der Aktfotografie. Direkt neben den furchtbarsten Kinder-Schultüten-Lichtbildern, auf denen schon Sechsjährige aussehen wie picklige Teenager. Es ist dieses Portfolio des visuellen Schreckens, das die Kindergartenleitung zu einer erneuten Buchung des Künstlers bewogen haben muss. Die bunte Mischung aus geschmackvoll tätowierten Brüsten, ungeschickt ausgeleuchteten Hochzeitspaaren und nackten Eltern mit ihren nackten Babys vor lebensbejahenden Hintergründen aus schwarzer Velours-Viskose.

Meine Familie kann sich diesem Ereignis nicht entziehen. Ein Nichterscheinen würde dem Rest unserer kleinen Welt nur bestätigen, was längst alle vermuten: Wir sind keine guten Eltern. Als wir am Kindergarten eintreffen, ist das Shooting bereits in vollem Gange. Eine Schlange aus feierlich gekleidetem Eltern-Kind-Material steht vor der Tür zur kleinen Turnhalle der Kindertagesstätte. Kleine Jungs, die von H&M-Krawatten gewürgt werden. Kleine Mädchen, in kleinen Zara/MNG/Verbaude Cocktailkleidchen. Mode von Kindern für Kinder. Peer-to-Peer-Dressing. Väter in mittelprächtig sitzenden Anzügen. Mütter mit Hochsteckfrisuren und gemachten Nägeln. Sie alle haben alles gegeben für diesen einen Moment. Bereit, um familiäre Glückseligkeit auf ein Bild zu komprimieren und die Hoffnung auf den Anruf des Fotografen nach dem Shooting: „Darf ich ihr Bild in meinem Schaufenster ausstellen? Sie und Ihre Familie haben Ausstrahlung!“

Wir reihen uns ein. Ursprünglich war der Plan, in Weiß zu erscheinen. Weiß vor schwarzem Hintergrund. Wie unfassbar naiv. Das Einzige, was weiß ist, sind die Strümpfe von Marie und Ida. Wir haben nicht aufgepasst und die beiden sind mit ihren Lieblingstennissocken und den passenden Sandalen entwischt. Dabei sind die Füße dieser beiden Töchter noch das kleinste Übel. Wir dachten, mit „Weiß“ das modische Ziel für diesen Nachmittag klar umrissen zu haben. Nein. Marie trägt das grasbefleckte, zerknitterte Kleid ihrer viel zu großen Schwester. Ida hat sich für ein neckisches Ensemble aus khakifarbener Cargo-Short und Oben Ohne entschieden, während Lotte sich dem Diktat ihrer Eltern völlig verweigert hat und schwarz trägt. Einzig Emil hat an, was er an haben soll. Naja. Fast. Unter vielen kulinarischen Flecken verborgen, versteckt sich ein T-Shirt, das in grauer Vorzeit (heute morgen) einmal hell geleuchtet haben mag. Nachdem wir, unter den kritischen Blicken der passend gewandeten Model(l)familien, die gröbsten Fehler unserer modischen Ausstattung beseitigt haben, fällt mir auf, dass jeder vierjährige Bengel in dieser Schlange besser gekleidet ist als ich. Alle tragen sie schicke Hemden. Ich bügele meine Hemden selbst, deshalb trage ich nie welche. Aber Helena sieht gut aus. Das rettet mich. Wer interessiert sich schon für den Vater, wenn die Mutter gut aussieht?

Schließlich gleitet die Tür zur Turnhalle auf. Eine wohlriechende Zweikind-Vorzeigefamilie gleitet an uns vorbei. Jetzt sind wir dran. „Kommen sie. Nur keine Angst. Stellen sie sich doch direkt vor den schwarzen Hintergrund." In der parfümgeschwängerten Luft unserer Vorgänger ordnet uns der Fotograf in ein schönes, spießbürgerliches Stillleben. Endlich gehören wir auch dazu. Doch noch bevor der gute Mann den Auslöser seiner gewaltigen Spiegelreflex-Kamera betätigen kann, bricht sich die Natur unserer Kinder Bahn. Kurze Phasen der Langweile versucht Emil immer, mit einem Finger in der Nase zu überbrücken. Offensichtlich ist das hier alles enorm langweilig. Lotte wird sich auf einmal ihrer Arme bewusst und hat keine Ahnung, wo die eigentlich hingehören. Linkisch windet sie sich vor der Kamera. Ida ist schon gar nicht mehr da, weil vor dem Fenster der Turnhalle eine Katze sitzt. Ida liebt Katzen. Allein Marie liebt die großen Momente und posiert dramatisch. „Das bekommen wir hin!", lächelt der Fotograf gequält. Zehn Minuten später sind wir keinen Schritt weiter. Wir haben ein paar schöne Aufnahmen von Marie und eine beeindruckende Dokumentation darüber, wie tief der menschliche Finger in Nasengänge vordringen kann. Außerdem haben wir festgestellt, dass unsere schwarzgewandete Erstgeborene vor dem schwarzen Hintergrund völlig körperlos ist. Eine Teenager-Tochter, die nur aus Kopf besteht und jede Beziehung zu ihrem Körper abgebrochen hat, mag zwar verstörend prophetisch sein, aber leider nicht familiengalerie-kompatibel. Und Ida? Ida ist zweimal durchs Bild geschlichen, weil die Katze von der linken auf die rechte Seite des Innenhofes gewechselt ist. Lauter schöne Schnappschüsse mit genervten Eltern und Kindern, die auf der Erde nur zu Gast sind.

Der Fotograf hat sich mittlerweile büschelweise Haare ausgerauft und greift nun tief in seine diapositivistische Trickkiste. „Warum versuchen wir es nicht nackt?“ Als wir später wieder zu Hause sind, essen wir Eis und versuchen nicht zu reden. Eine Woche später ist der Fotograf am Telefon. „Darf ich ihr Bild in meinem Schaufenster ausstellen? Sie und Ihre Familie haben Ausstrahlung!“

Stallgeruch

Meine Kinder haben diese Gabe. Sie wittern autoritäre Schwachstellen. Erzieherische Lücken füllen sie traumwandlerisch sicher mit der Erfüllung eigener Wünsche. Meist warten sie, bis ich lese oder anderweitig in Anderweitiges vertieft bin. Und sobald sie sich ganz sicher sind, dass mein monotaskendes Hirn auf Durchzug geschaltet hat, schicken sie das bestgelittenste Glied der geschwisterlichen Kette, um alles entscheidende Fragen zu stellen: „Papa, wir haben keine Lust auf Linsensuppe zum Mittagessen, können wir Nutella-Brote essen?" „Papa, können wir mit dem Gartenschlauch die Straße vereisen?" „Papa, können wir am Wochenende Kartfahren gehen?" „Papa, kann ich mein Geburtstagsgeschenk jetzt schon haben?" Mein apathisches Brummen wird dann gerne als „Ja" interpretiert. Und dann esse ich alleine Linsensuppe, warte auf Glatteisopfer mit Unterschenkelhalsbrüchen oder fahre Kart in öden Kreisbewegungen. Mittlerweile habe ich Angst, mich in Dinge zu vertiefen. Zu oft schon habe ich Unaufmerksamkeit teuer bezahlt.

Ich stehe nackt im Bad. Auf dem Weg in die Dusche habe ich Emil vertrieben, bevor er es sich zum Kacken bequem machen konnte. Er ist das einzige Kind, dass die Toilette so besitzt wie andere einen Ohrensessel vor einem warmen Kaminfeuer. Wohlig seufzend und in völliger Entspannung. Emil trollt sich mürrisch grunzend in das Bad ein Stockwerk höher. Duschen im Fäkaldunst ist kein sehr sinnliches Erlebnis. Jetzt gehören diese sieben Quadratmeter Wohlfühloase mir. Nur mir. Denke ich naiv. Da fällt eine hektische Tochter aufgeregt mit der Tür in mein erobertes Territorium. „Papa. Sie kommen. Jetzt. Sie kommen endlich!" Das völlig ekstatische Kind stürzt wieder davon. Bevor ich fragen kann, wer da kommt und ob das eine gute oder eine schlechte Nachricht ist, höre ich draußen einen Schwerlasttransporter vorfahren. Oder ist es ein Panzer? Ist es doch der Russe? Die Erde bebt. Bremsen quietschen. „Wo sollen die Dinger denn hin?", donnert die Stimme des örtlichen Bauunternehmers Hauke Hartmann. Hauke Hartmann steht vor meinem Haus. Und wenn Hauke Hartmann naht, dann ist das kein Spaß. Jetzt bekomme ich langsam Panik. Ich finde nichts, was sich innerhalb von drei Nanosekunden anziehen lässt. Aber es muss schnell gehen, denn wenn Hauke Hartmann erstmal in den Arbeitsmodus schaltet, dann ist man besser weit weg.

„Also? Wo ist dein Vater, Kind!" Hauke Hartmann wird böse. Scheiße. Hauke Hartmann mit schlechter Laune in meinem Vorgarten. Ich schnappe mir Lottes Bademantel. Den mit dem verspielten roten Tauwerk, das sich in neckischen Herzformen um blaue Anker schlängelt. In Größe 158. Es ist alles egal. Hauptsache, Hauke Hartmann muss nicht länger warten. Als ich endlich vor ihm stehe, ist Hauke sehr fasziniert von meiner Kleiderwahl. Lottes Bademantel bedeckt gerade das Wichtigste und an den Füßen trage ich meine grell-braunen Garten-Birkenstocks. Fuck it. „Hallo Hauke. Was soll wo hin?" Mir ist kalt und ich will alle bauunternehmerischen Vorhaben möglichst schnell im Keim ersticken.

Hauke löst seinen belustigten Blick von meinen unvorteilhaften Äußeren und fuchtelt mit seinem riesigen Kanonenarm in Richtung seines monströsen Traktors. Auf dem Anhänger dahinter thront ein massiver Kaninchenstall aus deutscher Eiche. Kein furnierter Scheiß. So groß wie das Badezimmer aus dem ich gerade komme. „Ich brauche keinen Kaninchenstall, danke." Ich frage mich, wie er auf die Idee kommt, das Ding hier abladen zu wollen. „Der muss hinter das Haus!", höre ich eine Kinderstimme rufen. Lotte kommt aus dem Haus gelaufen und mustert mich kurz. „Papa. Das ist mein Bademantel. Häng' ihn bitte nachher zurück." Dann geht sie auf Hauke Hartmann zu und schüttelt seine riesige Pranke. „MOMENT! Was soll das eigentlich? Ein Kaninchenstall? Warum? Es gibt keinen Stall und keine Kaninchen. Wir haben darüber gespro..." Und dann schneidet das gleißende Licht der Erkenntnis durch meinen Hirnnebel. „Du hast vorgestern „ja" gesagt, Papa." Neben mir steht Ida und zupft an Lottes Bademantel. Nichts habe ich gesagt. „Nichts habe ich gesagt, Ida!" Sie sieht mich mitleidig an. „Doch Papa. Ich habe dich gefragt, ob wir die Kaninchen von Hauke Hartmann haben können, weil er sie sonst aufessen wird." Tränen stehen in Idas Augen. „Und du hast etwas in deinen Computer getippt und hast „ja" gesagt." Ich habe allenfalls gebrummt. „Und du hast mit dem Kopf genickt." Ich habe allenfalls mit dem Kopf gewackelt. Und jetzt steht der Kaninchenfresser Hauke Hartmann auf meinem Grund und Boden, um seinen monströsen Stall samt tierischem Inhalt in meinen Garten zu verklappen. Na toll.

Meine Position ist aussichtslos. Ich trage einen Kinderbademantel und habe brummend mit dem Kopf gewackelt. Ich habe verloren. „Also gut, Hauke. Hinter das Haus." Hauke Hartmann klettert befriedigt schnaufend in seinen Traktor. Zündet die riesige Maschine und pflügt einmal quer durch den Vorgarten, um den Stall hinter das Haus zu fahren. Zwei Minuten und einen verwüsteten Rasen später ist alles vorbei. Lotte und Ida lächeln triumphierend. Wartet nur, ihr beiden. Weihnachten schenke ich euch Bücher. Ich kehre zurück ins Bad, um mir den Ärger aus dem Kopf zu duschen und mich anschließend in etwas Würdevolleres zu kleiden. Im Bad begegne ich Emil. Er hat die Chance genutzt, um sein Lieblingsklo zu besteigen. Es stinkt fürchterlich. Emil lächelt mich an. „Fahren wir gleich in den Zoo, Papa? Du hast es gestern versprochen!“

Klebstoffe

Früher dachte ich, dass Kinder aus Fleisch und Blut gemacht sind. Heute weiß ich sicher: Kinder bestehen aus unterschiedlichen Klebstoffen. Die meisten Kinder haben keine Finger, sondern kleine, aufgeschraubte Prittstifte. Doppelseitiges Klebeband statt Zungen. Leim statt Spucke. Und schnüffelt man an ihnen, dann kann es passieren, dass man betäubt zu Boden sinkt. Bei hohen Temperaturen verklumpen Kinder zu einer klebrigen Masse ohne echte Form. Sie sind dann wie eine Rolle Kreppband. Nach dem Streichen. Zusammengeknüllt. Feucht. Und klebrig.

Mir gegenüber auf der Couch sitzt Ida. Vor nicht einmal zwei Sekunden hat es gedonnert. Schon ist sie da. Sie war den ganzen Tag draußen und riecht nach frischem Grasschnitt. Irgendwie sieht sie auch wie frischer Grasschnitt aus. In ihren kurzen Haaren hängt Moos und unter ihren Füßen klebt eine Mischung aus Sand, Blut und Wiesenblumen. Sie hört ein TipToi-Buch. Sie muss es auch hören, denn es ist äußerst unwahrscheinlich, dass sie durch ihre schmierigen Brillengläser überhaupt noch etwas sieht. Meine Anordnung, sich vor dem Betreten des Hauses draußen zu entkleiden, hat sie – wie immer – geflissentlich ignoriert. Zwischen uns herrscht mittlerweile ein stilles Einvernehmen. Ich darf so tun, als würde ich sie erziehen und sie tut so, als würde sie das interessieren. Die Löwenzahnflecken auf ihrem Kleid wird sie vermutlich mit einer weiteren väterlichen Standpauke bezahlen. Später. Vielleicht werde ich das Pauken auch Helena überlassen. Dann kann Ida zur Abwechslung mal ihrer Mutter nicht zuhören.

„Ida, wie wäre es mit duschen?" Ida zuckt erschrocken zusammen und blinzelt dann vage in meine Richtung. Sie kann mich nicht sehen. „Ida. Du musst dringend duschen!" Ida streckt sich genüsslich. „Ja. Gleich!" Das Konzept von „Ja. Gleich!" haben sie verstanden. Alle meine

Kinder verwenden es, um nicht mehr „Nein!" kreischen zu müssen. Nach einer Weile erhebt sich Ida gnädig, lässt TipToi und Buch auf den Boden fallen und geht. Fassungslos starre ich dem Kind hinterher. Draußen beginnt es heftig zu regnen. Dann höre ich Sand rieseln. Auf dem Weg zum Bad hat Ida noch schnell die Taschen ihres Kleides im Flur ausgeleert. Ich belle wüste Beschimpfungen und befehle ihr, den Strand wegzusaugen. „Ja Papa, gleich! Ich muss jetzt erst duschen" Dann fällt die Badezimmertür ins Schloss.

Als ich gerade dabei bin, leise fluchend hinter Ida herzuräumen, höre ich die nächste Tochter unsere Küche betreten. Maries nackte Füße schmatzen über die Fliesen. Ich will gar nicht wissen, wo sie sich wieder rumgetrieben hat, aber dieses Mal ist ihr letzter Aufenthaltsort kaum zu übersehen: „Du warst im Keller und hast Kinderschokolade gegessen. Wir haben dir das verboten!" Sie bestreitet den Vorwurf energisch. „Marie. Erzähl keinen Scheiß. Du hast Schokolade im Mundwinkel und an deinem Arm klebt die leere Schachtel!" Marie überlegt kurz und ergreift dann die Flucht. Sie sprintet in den Flur und rutscht auf Idas Sandhügel aus. Als

Marie wieder steht und sich der Sandstaub gelegt hat, sieht sie aus wie ein rohes, paniertes Schnitzel. Das Schnitzel heult. Ich überwinde meinen Ekel, nehme es kurz in den Arm und schubse es dann zu Ida unter die Dusche. Wahrscheinlich wird der ganze Kindersiff den Abfluss verstopfen.

Ich muss nach Emil suchen. Emil geht oft. Einfach weg. Und sagt niemandem, wohin. Seine Erfahrung hat ihn gelehrt: Wenn es eng wird, dann kommt schon jemand. Ich stehe in unserem Garten vor einem kleinen Erdhügel. Eines meiner Kinder hat wieder ein Loch in unseren englischen Rasen gebuddelt und den Aushub in meinen Weg geschaufelt. Allein, es fehlt das Loch. Ich werde nass und sauer. „Emil!", brüllt ein aufgebrachter Vater wild durchs Dorf. Der kleine Erdhügel bewegt sich und steht dann auf. Feucht-modrige Erdklumpen bröckeln von den schmalen Schultern meines vierjährigen Sohnes. Emil hat, mit dem Rücken zu mir liegend, sein Feuerwehrauto durch den Matsch gespielt. Nur langsam erahne ich das Kind unter der zentimeterdicken Erdschicht. Es lächelt selig und stinkt höllisch. Nasse, dreckige Kinder riechen wie nasse, dreckige Hunde. Der Erdhügel ist glücklich und erfreut mich zu sehen. Die Umarmung kommt schneller, als ich davonrennen kann. Jetzt klebt ein Sohn an meinem Bein. Ein kleiner, stinkender Junge, der vor Vergnügen gluckst. Menschlicher Sekundenkleber.

Mit Emil am Bein stoße ich die Badezimmertür auf und stolpere, auf der Suche nach dem Nagellackentferner, in den Badezimmerschrank. Im Hintergrund stehen meine Töchter, in Bademäntel gehüllt und amüsieren sich über meine Versuche, das lachende Kind von meinem Bein zu entfernen. Als alle Hausmittel und Chemikalien versagen, stelle ich uns unter die Dusche. Sehr zur Freude der Töchter. Sehr zum Leidwesen des Sohnes. Er duscht sehr ungern. Ich hoffe, es ist ihm eine Lehre.

Irgendwann viel später sitzen wir alle zusammen und geduscht auf der Couch und hören gemeinsam ein TipToi-Buch an. Bevor mir die Augen zufallen, höre ich noch, wie der TipToi belehrend den audio-digitalen Zeigefinger hebt: „... Klebstoffe sind kein Spielzeug..."

Sex

Es ist zu früh. Viel zu früh. Es ist ein Feiertag, aber meinem Sohn ist das egal. Ich schaffe es gerade so, eine wertvolle pädagogische Maßnahme zu ergreifen. Fernsehen. Schlaftrunken klappe ich den Rechner auf, suche, finde und starte eine Tier-Doku über Grizzlybären in Alaska. Ich versuche einzuschlafen, aber irgendwann geht es um Sex. Signalworte. Ich bin hellwach. Emil ist Sex egal. Er sieht nur die Grizzlies. Diese riesigen Bären, die sich auf einer Wiese einfinden, um neue, riesige Bären zu zeugen. Unter diesen beeindruckenden Tieren gibt es einen Giganten. Er heißt Van. Van ist der größte Bär des Universums. Die Forscher übertreffen einander mit Superlativen. „A league of his own!” Van ist auf der Suche nach Alice. Er will nur diese eine Bärin. Die Forscher erklären mir und Emil, dass dieses Verhalten sehr ungewöhnlich sei. Und während auf der Wiese mehr und mehr paarungswillige Bären eintreffen, kriechen auch Emils Schwestern aus ihren Verstecken und quetschen sich zu uns auf die Couch.

Van und seine Kollegen sind damit beschäftigt sich selbst auf die Hintertatzen zu urinieren, um beim Laufen Duftmarken zu hinterlassen. Das wird ausgiebig gezeigt. Auch in Zeitlupe. Emils Schwestern finden das sehr eklig. Emil findet das nicht. Inspiriert jaulend springt er auf und rennt in Richtung Bad. Bevor er um die Ecke biegt, bleibt er stehen und brüllt: „Ich hab' einen Penis und muss Pipi!" Bevor er sich auf die Füße pinkeln kann, ermutigen wir ihn im Chor: „Dann geh' schnell aufs Klo!"

Emil ist weg und Van wird von einer Bärendame, die nicht Alice ist, zum Sex eingeladen. Er will Sex. Aber nicht mit ihr. Er gibt das der Bärin mehr als deutlich zu verstehen und beißt sie tot. Die Forscher sind entsetzt. Meine Töchter sind entsetzt. Ich bin entsetzt. Nur Alice findet es toll und nachdem sie Van tagelang hingehalten hat, lässt sie ihn nun gewähren. Neben der Leiche ihrer Kontrahentin. Die Natur und ihr Recht. Emil kommt erleichtert zurück und merkt, dass irgendwas nicht stimmt. Aber es ist ihm egal, weil in Alaska jetzt irgendein Jungbär irgendeinen Baum hinaufklettert.

Die Doku geht zu Ende. Van und Alice gehen getrennte Wege. Sie haben sich über einen Robben-Kadaver entzweit. Ida und Marie flüstern miteinander. Ich gehe duschen und lasse meine schockierten Kinder zurück.

Ich wasche mir gerade das Shampoo aus den Haaren. Als ich die Augen aufmache, stehen da Marie und Ida und starren konzentriert auf meine Körpermitte. Instinktiv verberge ich meine Genitalien hinter der Ombia-Med-Flasche. Mit der freien Hand richte ich den Duschkopf auf die glotzenden Kinder. Sie stürzen schreiend davon. Dringend brauchen wir wieder einen Schlüssel für diese Tür. Auch wenn das bedeutet, dass ich Emil alle zwei Tage mit dem Freischneider aus dem Bad befreien muss.

Als ich erfrischt und gedemütigt ins Wohnzimmer komme, sitzen Marie und ihre kleine Schwester mit leuchtenden Augen auf der Couch. Sie halten zerlesene Tim und Struppi-

Comics in den Händen, aber das Thema ist ein anderes. Nämlich Maries neues Bio-Buch. „... und dann hat Jan-Hendrik gesagt, dass wir ja nicht Seite 56 aufschlagen sollen. Also haben alle Seite 56 aufgeschlagen." Ida hält die Luft an und lauscht ihrer aufgeklärten Schwester. „Und stell dir mal vor, was da zu sehen ist. Ein paar Nackte sind da zu sehen. Und die machen Sex!" Ida stellt flüsternd den visuellen Kontext her, „...wie die Bären!" Marie blinzelt irritiert. „Na ja. Nein. Also. Fast." Sie denkt angestrengt nach. Wie die Nackten denn ausgesehen hätten, will Ida von ihrer Schwester wissen. „Die Frau hatte lange, blonde Haare und der Mann hatte kurze braune..." Ida schlägt erschrocken die Hände vor dem Mund zusammen. „Die kenne ich!"

Irgendwo in Alaska lachen sich Van und Alice in die blutigen Tatzen und haben Sex auf grünen Wiesen.

Bundesjugendspiele I

Alle sind sie gekommen. Obwohl keiner wollte. Ich stehe in einem kleinen Fußballstadion, um Riege 7 während dieses sportlichen Großereignisses zu betreuen. Ich beaufsichtige an diesem Tag 13 Mädchen, die es kaum erwarten können, sich sportlich miteinander zu messen. Auch meine Tochter befindet sich unter den zukünftigen Olympionikinnen. Sie findet es großartig, dass ihr Vater heute dabei ist und hat mir das auch mehrmals mit Augenrollen und strafenden Blicken zu verstehen gegeben.

Mit den Worten „Hier! Sie sind der Schriftführer!", hat mir ein älterer Sportlehrer in Ballonseide ein Klemmbrett in die Hand gedrückt und ist dann enthusiastisch davongejoggt. Ich bin also der Schriftführer. Schön. Willkommen im Jahre 1940. Willkommen zu den Reichsjugendwettkämpfen.

Unser erster Durchlauf beginnt erst in einer Stunde. Also setzen wir uns auf die Holztribüne und frühstücken erstmal. Nochmal. Die Eltern der Mädchen haben ganz offensichtlich den kleinen Ernährungsratgeber (Mein Leben mit Obst!), der Wochen vorher in der Schule verteilt worden war, nicht gelesen und den Athleten-Nachwuchs mit reichlich Milchschnitten, Knoppers und süßen Kaltgetränken versorgt. Nach fünf Minuten haben 13 Mädchen 25.000 tote Kalorien vernichtet und sind auf der Suche nach mehr. Der kleine Kiosk mit einem reichhaltigen Angebot an Sportler-Nahrung ist gleich um die Ecke und am Rand des Sportplatzes verkaufen Oberstufenschüler/innen selbstgemachte Waffeln mit Sahne. Die letzten 30 Minuten Wartezeit verkürzen wir also mit Snickers und fettigem Gebäck. Als endlich die Durchsage „Riege 7! Zum Schlagballweitwurf, bitte!" kommt, sind in erster Linie unsere Mägen zum Reißen gespannt.

Ich treibe die träge Mädchenmasse zur Weitwurfstation. Jede Station wird von jeweils zwei Oberstufenschülern aus dem Sportleistungskurs betreut. Alle heißen Hanni und Nanni und sind damit beschäftigt, ihre Astralkörper in das richtige Snapchat-Licht zu rücken. Das Stöhnen der prallbäuchigen Riege 7 erinnert Hanni und Nanni an ihren Bildungsauftrag. Sie weisen die Mädchen kurz in die Kunst des Schlagballweitwurfs ein (...so weit wie möglich...) und treten dann mit einem motivierenden „Hau einen raus, Alter!" hinter den Wurfring zurück. Michelle ist die Erste. Ein kleiner Ehrgeizling ohne jedes sportliche Talent. Sie hämmert den Ball 20 Zentimeter vor sich auf den Boden, schaut bestürzt in den kleinen Krater zu ihren Füßen und ergreift dann, theatralisch schluchzend, die Flucht. Eine der sieben Laras aus unserer Riege ist die Nächste. Lara feuert den 300 g schweren Lederball ungelenk aus dem Sektor heraus. Das Sportgerät trifft die Schriftführerin von Riege 3 am Kopf. Riege 3 wirkt erleichtert. Hanni schlurft sportlich davon, um erste Hilfe zu leisten. „Guter Wurf. Kann ich aber nicht werten", kommentiert Nanni lakonisch.

Irgendwann ist auch Lotte an der Reihe und schleudert den Ball lustlos ins dichte Leistungs-Mittelfeld. Ich sage nichts dazu. Lotte trägt ihr Desinteresse mit großem Aufwand zur Schau. Ich erinnere mich an unser Gespräch im Auto. „Papa. Wie lange muss ich noch zur Schule gehen, wenn ich Kassiererin im REWE werden will?" Meine Tochter. Vom Ehrgeiz zerfressen.

Mit durchwachsenen Ergebnissen im Gepäck pilgern wir zur nächsten Station. Weithüpfen. Von Weitsprung kann hier keine Rede sein. Die Technik ist einfach und wird von den meisten Mädchen perfekt beherrscht. Ein langer Sprint bis zum Balken. Kurz davor eine scharfe Bremsung und dann ein schwungloser, beidfüßiger Hüpfer in den Sandkasten. Hanni und Nanni schätzen grob die Weiten und geben sie dann an mich weiter. Der Schriftführer führt fleißig Schrift. Ein paar schluchzende Mädchen später sind wir auch mit dieser Leibesübung fertig. Pause. Erstmal was essen. Die restlichen Schokoriegel werden verschlungen und der Waffelstand der zukünftigen Lehramtstudentinnen funktioniert so gut, dass sich die ersten wahrscheinlich fragen, ob das hier eine Marktlücke sein könnte, die vielleicht doch ein BWL-Studium rechtfertigt.

Mir fällt auf, dass die meisten Athletinnen sich gar nicht mehr als solche verkleiden müssen. Das liegt wahrscheinlich in erster Linie daran, dass die Jogginghose wieder ein gesellschaftlich akzeptiertes Kleidungsstück ist. Mich irritieren lediglich die paillettenbestickten Motto-Shirts. „Lovely Devil“, „Sexy Beast“, „Rockstar Bitch“. Die Mädels sind zwölf Jahre alt. Ich bin hochbejahrt, konservativ und halte das für dämlich bis bedenklich. Vor der weiteren T-Shirt-Lektüre rettet mich der Aufruf zur Königsdisziplin dieser anachronistischen Sportveranstaltung: Der 50 Meter-Sprint. Riege 7 hat Probleme mit der Handhabung der Startblöcke. Keines der Mädchen hat diese Geräte jemals zuvor gesehen, geschweige denn benutzt. Hanni und Nanni erklären nur dürftig und so stehen Sekunden später acht kugelrunde, glitzernde, joggingbehoste Mädchen auf Zehenspitzen in den Startlöchern, weil sie nicht verstanden haben, dass der Start aus einer Hockposition erfolgt. Mit minimalem Aufwand reiht sich Lotte auch in dieser Disziplin ins Mittelfeld ein.

Der Wettkampf endet hier. Wer möchte, darf sich noch zum 800 Meter-Lauf einschreiben. Lotte will nicht. Von irgendwoher kommt eine strahlende Sportlehrerin, reißt mir das Klemmbrett aus den Händen und entbindet mich huldvoll von meinen Führer-Pflichten. Das dicke Ende aber kommt später. Der 800 Meter-Lauf. Aber das ist eine andere Geschichte…

Bundesjugendspiele II

Die Stimmung im Stadion ist angespannt. Der letzte Schlagball wurde verworfen, der letzte Hüpfer gehüpft und die Waffelverkäuferinnen aus der Oberstufe haben das süß verdiente Geld säckeweise davongeschafft. Auf der improvisierten Holztribüne sitzen die Verletzten und Lustlosen, um die Teilnehmenden des 800 Meter-Laufs anzufeuern. Ich sitze auch da. Neben meiner Tochter, die sich trotz ermutigender Worte ihres Vaters gegen eine Teilnahme am Rennen entschieden hat. „Papa. Jetzt lass mich endlich in Ruhe. Ich hab keine Lust!" Ich erinnere mich an die tiefsinnigen Worte meiner überernährten Oma: „Spocht ist Mocht!"

So langsam drängeln sich die Freiwilligen an die Startlinie. Es sind nicht die besten Sportler/innen der fünften und sechsten Klassen. Es sind die Mutigsten. Es sind die Kinder, die ihr Taschengeld nicht am Waffelstand in Zuckergebäck investiert haben und deshalb noch laufen oder wenigstens gehen können. Einige der ganz Ambitionierten hüpfen auf und ab und winken ins Publikum. Wir winken zurück, weil es sonst keiner tut. Dann schreitet die ballonseidene Reinkarnation von Turnvater Jahn die Linie ab. Um den Hals die obligatorische Trillerpfeife. In der Hand die Startklappe. Kinder, die frevelhaft die Kreidemarkierung übertreten oder sie auch nur berühren, werden mit einem knappen „Zurück, du Betrüger!" zur Ordnung gebellt. Wer nicht schnell genug zurückweicht, nach dem schnappt die Startklappe.

Turnübervater Jahn ist nicht zufrieden. Es ist eine Generation voller unsportlicher Taugenichtse. Er hat es wirklich schwer. Früher war alles besser. Seufzend glättet er die glänzende Velours-Viskose über seiner ansehnlichen Wampe. „Auf die Plätze. Fertig." Er macht eine Kunstpause und genießt die Aufmerksamkeit. „Los!" Turnvater Jahn hämmert die beiden

Holzlatten zusammen. Der Knall ist ohrenbetäubend. Einige der kleineren Kinder nässen vor Schreck ein, andere sprinten panisch los – in alle Richtungen. Nur weg. Das Teilnehmerfeld ist damit dramatisch geschrumpft. Im Rennen sind jetzt noch ca. 20 Kinder, die versehentlich in die richtige Richtung geflohen sind. Und nun laufen sie. So schnell sie können. Einige können nicht besonders schnell. Elfjährige Kinder, die rennen möchten, dabei aber so aussehen wie olympische Geher.

Ein kleines Mädchen überquert als Erste die Ziellinie. Schwer schnaufend läuft sie aus, bleibt dann stehen und jubelt keuchend. Das Publikum klatscht irritiert. Die dehydrierten Nachkömmlinge tun es der vermeintlichen Siegerin gleich und bleiben stehen. Niemand hat diesen Kindern gesagt, dass die 800 Meter zwei Runden lang sind. Wild fuchtelnd holt dieses Versäumnis nun eine Sportlehrerin nach und scheucht die rotköpfigen Kinder auf die zweite Runde. Einige wollen offensichtlich protestieren, scheitern aber an ihrer Kurzatmigkeit.

Es ist ein Bild des Jammers. Die freiwilligen Läufer/innen bezahlen ihren Eifer nun mit bitteren Tränen. Ein kleiner Junge muss heulend abreißen lassen und humpelt den anderen Kindern mühsam hinterher. Ein Zweiter wählt den Weg des geringeren Widerstandes und scheidet mit einem fingierten Asthmaanfall aus. Auf der Tribüne herrscht mitleidige Erleichterung, denn nicht nur Lotte sieht sich in ihrer Entscheidung, nicht teilzunehmen, bestätigt.

Auf der Zielgeraden wird es dann nochmal spannend. Den Sieg vor Augen und die kreischende Sportlehrerin in den Ohren, mobilisieren die Führenden noch einmal alle Kräfte und fallen in ungelenken Trab. Am Ende haben elf Kinder wankend die Ziellinie überquert. „Bleibt in der Reihenfolge stehen, wie ihr ins Ziel gekommen seid", ruft der Sport lehrende Schmerbauch von Ferne. Aber da ist es längst zu spät. Die meisten Kinder sind auf dem Weg zu ihren Fantaflaschen ohnmächtig zusammengebrochen. Wer noch bei Sinnen ist, atmet pfeifend letzte Atemzüge. Eine Reihenfolge zur Ermittlung von Siegern und Verlierern gibt es nicht. Auf Weisung des Turnvaters schlurfen ein paar Hannis und Nannis heran und beginnen damit, die elenden Kinderhäufchen an den Füßen in eine frei erfundene Ordnung zu zerren. Keiner wehrt sich. Auch nicht der kleine Junge, dem der heilige Turnvater nun die Siegerurkunde in die leblose Hand drückt. „Oma hatte recht!", wispert mir Lotte ins Ohr. Ich nicke. Spocht ist Mocht.

Sorgenkinder

„Darf ich auf Toilette gehen?" Vor mir steht eine 17-jährige Schülerin – wahrscheinlich heißt sie Lara – und schaut mich leidend an. SIE IST 17. Sie ist 17 und fragt mich, ob sie auf Toilette gehen darf. Nächstes Jahr wird sie volljährig sein, wahrscheinlich einen Führerschein besitzen und wählen gehen dürfen. Sie zappelt auf und ab. Mir ist das hochgradig unangenehm. Warum fragen mich erwachsene Menschen, ob und wann sie den Bedürfnissen ihres Körpers nachgeben dürfen?

Es ist mein letztes Projekt für dieses Halbjahr. Ich habe mit vielen Jugendlichen gearbeitet. Die meisten von ihnen Gymnasiasten. 10. Klasse aufwärts. Einige von denen werden demnächst weitreichende Entscheidungen für ihr Leben treffen. Ausbildung? Studium?

Wahrscheinlich sind es diese beiden Optionen. Für Lara bestimmt. Kreativere Lebensentwürfe kommen für die Laras unserer Gesellschaft kaum in Frage. Vielleicht wird sie für ein halbes Jahr nach Australien gehen oder ein kurzes und behütetes Au Pair-Leben führen. Alles für den Lebenslauf, aber kaum etwas fürs Leben. Dafür kann Lara nichts. Sie durfte schließlich nicht selbstständig werden. Wenn sie Gefahr läuft, einen eigenen Gedanken laut zu denken, dann sucht sie unsicher nach Bestätigung in meinem Blick. Die Laras in meinen Projekten sind 17 und werden von ihren Lehrer/innen als „Kinder" bezeichnet.

Thema am Mittagstisch: Eigenverantwortung. Die Lehrer/innen sind sich einig: „Die Kinder können dieses oder jenes weder selbst entscheiden noch einschätzen." Aha. Vielleicht sollten sie das im Laufe der Zeit lernen? Gelernt haben. Ist nur so eine Idee. Stattdessen stecken wir sie in Bildungsbrutkästen aus Sichtbeton. Aber darüber will eigentlich niemand sprechen. Schon gar nicht die Lehrer/innen. Schuld an der Bildungsmisere haben Elternhäuser und Grundschulen. Es werden Elternankedoten ausgetauscht. Eine schlimmer, als die andere. Keine

Frage: Es gibt bescheuerte Eltern. Trotzdem haben wir alle eigene Nasen im Gesicht, aber ranfassen will sich niemand. Nächstes Thema.

„Wie wollen wir das Abendprogramm gestalten?" Zur Debatte werden Bowling und Klettern gestellt. Die Mehrheit der Kinder stimmt für den Aufstieg in die Baumwipfel. Die Lehrer/innen nehmen das Votum nervös zur Kenntnis. „Können wir das machen? Die Kinder sind ja so ungeschickt! Die verletzen sich ja schon beim Stehen." Man sucht nach Auswegen aus der demokratischen Misere. Im kleinen Kreis wird eine erneute Abstimmung gefordert. „Die meisten hier wissen ja gar nicht, was gut für sie ist." Am Ende wird das unmündige Volk erneut befragt. Allerdings erst nachdem man den Verhaltensregelkatalog noch einmal deutlich ausgeweitet hat („Die schwarze Route darf nicht geklettert werden und es werden bitte keine Fotos geschossen. Also lasst die Handys zuhause. Wir wollen, dass ihr euch auf das Klettern konzentriert."). Danach ist die Abstimmung nur noch Formsache. Es wird gebowlt. Kollektives Aufatmen am Lehrer/innentisch. Man lächelt und beglückwünscht sich zu der raffinierten Kampagne. Brexit ist überall.

Ein paar missmutige Teenies schlurfen an unserem Tisch vorbei. Die Sportlehrerin muss süffisant kommentieren: „Na Jungs. Zieht euch warm an. Am Ende fließt euer Bowlingergebnis in die Gesamtnote ein!" Die Lehrerrunde kichert über diesen gelungenen Scherz. Die Teenies schlurfen weiter und finden alle Erwachsenen scheiße.

Am Morgen danach habe ich eine Lara weniger im Projekt. Schädelbasisbruch. Wer hätte gedacht, dass Bowling so gefährlich sein kann.

Endlosschleife

„Das Leben mit Kindern ist ein großes Abenteuer!", erzählen verwirrte Menschen mit großer Begeisterung. Findet jemand Gefallen an ständigen Wiederholungen und der Neuauflage seines eigenen Lebens, dann mag das zutreffen. Das Leben mit Kindern ist (k)ein Abenteuer. Das Leben mit Kindern ist häufig eine endlos lange Endlosschleife, die der Herrgott selbst kunstvoll um Episoden meines Lebens gebunden hat.

Nach einem mäßig erfüllten Arbeitstag überquere ich mäßig gelaunt die heimische Türschwelle. Keine drei Sekunden später steht Emil vor mir. „Papa, darf ich Feuerwehrmann Sam gucken?" Natürlich darf er. Er darf nämlich immer, wenn er fragt. Alles. „Nein. Emil. Darfst du nicht! Geh raus spielen. Das Wetter ist toll." Ich höre mich an wie ein Vater. Ich bin mein eigenes Déjà-vu. Emil ist nicht bereit, aufzugeben. Monoton jammernd und unbeeindruckt fragt er mich gefühlte weitere zehn Male. Er bekommt gefühlte zehn weitere Male die gleiche abschlägige Antwort. In mir keimt schlechte Laune auf und droht, mein mühsam hergestelltes inneres Gleichgewicht aus der Waage zu bringen.

Eine Bekannte erinnerte mich erst neulich daran, dass Lernen iterativ sei. Sie hat recht. Als Emil zu einem elften Versuch ansetzt, bin ich mürbe und bereit, die kleine Schäfchenwolke am strahlend blauen Himmel als Unwetterfront zu interpretieren, um den kleinen Plagegeist reinen Gewissens mit dem Feuerteufel Norman Price ruhig zu stellen. Mein Sohn ist der Meister Yoda der Iteration. Er hat mich unterwiesen. Ich habe meine Lektion gelernt. „Sam hilft dir in der Not" – Der Song lügt nicht.

30 Minuten später stehe ich in Idas Kinderzimmer und führe wieder die „Warum-immer-ich-Diskussion". Ich erkläre ihr zum millionsten Mal, warum immer sie. Ich bin von mir selbst gelangweilt und verstehe nicht, warum Ida nicht

auf der Stelle einschläft, wenn sie uns zuhört. Nach einer Weile schaue ich in ihr kleines Gesicht und sehe, dass sie schon lange nicht mehr da ist. Ich habe mit mir selbst diskutiert. Wieder mal. Ich schiebe Ida vor den riesigen Klamottenhaufen in der Zimmermitte und gebe ihr mit Gesten zu verstehen, was ich von ihr erwarte. Sie reagiert mit leerem Blick. Halbautomatisch und lustlos. Mir reicht das fürs Erste. Ich habe meinen Erziehungsauftrag erfüllt und will mich den wichtigeren Dingen des Lebens zuwenden. Autowaschen. Rasenmähen. Das Moos aus den Fugen der Einfahrt herauskratzen. Dinge, die ich schon länger nicht gemacht habe. Im Garten sehe ich Helena, die einen riesigen Felsbrocken auf unseren kleinen Grashügel wuchtet. Das tut sie häufig. Ich wundere mich über diese antike Form des Workouts. Sagenhaft.

Ganz hinten in der Garage steht das schwere Gartengerät. Wahrscheinlich hätte ich meine deutschen Spießerpläne vorher anmelden müssen, denn der Fuhrpark der Kinder blockiert das Hinten des Raumes. Kunstvoll hat die Brut ihre Fahrräder aufeinandergestapelt. Für noch besseren Halt haben die Töchter die Pedale und Speichen ineinander verkantet. Die Ränder des

Hügels haben sie mit Longboards, Wasserpistolen, Badmintonschlägern und Springseilen befestigt. Auf der Spitze des Kunstwerks thront eine kleine Auswahl unserer Bobby Cars. Die Plastikkirschen auf der Stahlsahne. Den Rasenmäher kann ich lediglich erahnen. Wie oft habe ich ihnen gesagt, dass sie ihren Scheiß ordentlich wegräumen sollen? Wie oft? Diese Frage werfe ich Marie an den Kopf, die mit einer Freundin an mir vorbeischlendert. „Ja. Papa. Gleich!" Freundlich brülle ich, dass ich „gleich" für keine Option halte und dass sie gefälligst sofort mit dem Rückbau des Fahrzeuggebirges beginnen solle. Marie hört sich das geduldig an. Rollt dann mit den Augen und schenkt ihrer Freundin das milde „Eltern-sind-bescheuert-Lächeln". Die Freundin nickt wissend. Man zwinkert sich zu und beginnt aufreizend lässig mit der Arbeit. Nicht genug damit, dass man meinen Ärger nicht ernst nimmt. Man hält mich offenkundig auch noch für dämlich. Meine innere Mitte kocht in einem heißen Sud aus Bitterkeit und Rachsucht. Ich suche das Weite.

In der Gartenmitte treffe ich Helena und eine Weile rollen wir gemeinsam den riesigen Felsbrocken den Hügel hinauf und beobachten dann, wie er auf der anderen Seite wieder hinabrollt. Als ich eine Stunde später wieder an der Garage vorbeikomme, liegt das Fahrzeuggebirge noch immer unberührt in der Mitte des Raumes. Tatsächlich kommt es mir so vor, als wäre es eher größer als kleiner geworden. Marie und ihre Freundin sind nirgends zu sehen. Und weil das Absurde nur insofern einen Sinn hat, als man sich nicht mit ihm abfindet, schnappe ich mir ein Seil, binde es mir um die Hüfte und wage den Aufstieg.

Nach einer halben Ewigkeit schlagen die Suchhunde an und man birgt meinen leblosen Körper aus dem Spielzeuggeröll. Besorgte Töchter verfrachten mich auf die Couch und kümmern sich rührend um mich. Ida bringt Chips und Salzstangen. Marie guckt schuldbewusst. Alle zusammen schauen wir mit Emil, wie Feuerwehrmann Sam zum tausendsten Male die lebensmüden Menschen von Pontypandy vor dem sicheren Tode rettet. Mein Blick gleitet durchs Fenster in den Garten. Den Felsbrocken hat Helena wieder in die Garage gerollt. Dort thront er jetzt auf dem Spielzeuggipfel. Morgen ist wieder ein Tag.

Digga

„Ey Digga, du muss' raus deinem Loch!" Vor mir steht Pinar und gibt mir zum Abschied Ratschläge. Sie ist 18. Seit heute. Pinar kommt aus Berlin und ist ein Mischung aus Bushido und Ludwig Wittgenstein. Eine kluge Frau, die mühelos zwischen Straßen-Soziolekt und Akademiker-Sprech hin und her wechselt. Eliza Higgins-Doolittle. Sie hat gerade Abitur gemacht. Ein gutes wahrscheinlich. Wir haben eine Woche zusammengearbeitet. Zusammen mit 19 sehr außergewöhnlichen Menschen haben wir über Sinn, Erfolg, Motivation und unkonventionelle Lebensentwürfe nachgedacht. Ideen visualisiert und Filmprojekte daraus gemacht. An einem wunderschönen Ort in Schleswig-Holstein, den irgendein Graf einer dänischen Prinzessin zum Geschenk gemacht hat. Damals, als

Ritter noch ihre Klingen kreuzten und die Freimaurer das Edle im Unedlen suchten.

Jetzt ist die Woche vorbei. Und Pinar steht da und sagt mir, dass ich dringend umziehen müsse. In eine Stadt, weil das Land nämlich ein scheiß-langweiliger Ort sei, Digga. Wir stehen zwischen einem wunderschönen Schloss und der Schlei. Ein Brackgewässer, das sich nicht entscheiden kann, ob es Salz- oder Süßwasser sein möchte. Es hat sich für beides entschieden. Pinar auch. Vielleicht wäre sie gern Mainstream. Äußerlich gibt sie sich alle Mühe. Sie ist hübsch und ich bin mir ziemlich sicher, dass ihre Klamotten dem Zeitgeist nicht unangenehm ins Style-Auge fallen. Aber wenn sie den Mund aufmacht, dann ist es vorbei mit Einheitsbrei. „Hey, Pinar. Kommst du mit Tennis spielen?" Vier Mädels steuern mit Fragezeichen in den Gesichtern und gelben Filzkugeln in den Händen auf uns zu. „Nee, danke mir geht's gut, Digga! Ich will jetzt Hakenkreuze an die Wand sprühen!", sie nickt in Richtung des altehrwürdigen Schlosses mit den weißgetünchten Wänden, „Bissu gut in rechte Winkel?" Innendrin krampfe ich vor Lachen. Als ich mir die Tränen aus den Augen gewischt habe, sind die Mädels ohne Pinar weitergezogen. Auch Pinar ist weg. Wahrscheinlich gibt es drüben in der Cafeteria Kuchen. Ich mache mich mit meinen Kollegen ebenfalls auf den Weg zum Backwaren-Buffet.

Wir sind zu spät. Nur ein paar Krümel und die vollständig erhaltene vegane Kuchen-Alternative zeugen von dem üppigen Feuerwerk aus Eiern und Salz, Butter und Schmalz. Ein paar traurige Kids lungern, leise hoffend, noch im Raum herum. Und tatsächlich gleitet die Küchentür erneut auf und eine junge Bedienstete bringt warmes, süßes Backwerk unters heißhungernde Volk. Am Marmorkuchen treffe ich Isbah. Sie ist ebenfalls in meinem Projekt gewesen. Sie ist 17. Natürlich ist auch sie sehr intelligent, aber mit Sido kann sie nichts anfangen. Sie ist Diplomatin von Beruf und hat immer ein offenes Lächeln auf den Lippen. „Hey, Isbah. Wie war die Meditation gestern?", frage ich sie. Am Abend zuvor waren alle Teilnehmenden zu einer Selbstbesinnungs-Einheit ins Hauptzelt geladen worden. „Ich sollte einen Gegenstand meditieren. Da habe ich zehn Minuten einen Pfosten angeschaut. Aber der Pfosten hat mir nichts gesagt!" Fast möchte ich ihr sagen, dass es nicht ihre Schuld ist und dass Pfosten grundsätzlich nur sehr wenig sprechen und wenn sie es tun, dass sie selten etwas zu sagen haben. Ganz unabhängig davon, ob ein Pfosten aus Holz oder aus Mensch besteht. Aber bevor ich Trost spenden kann, ist Pinar wieder da. „Ey Digga. Ich hab zehn Minuten nen Hässligen angestarrt. Das war auch nich geil!" Isbah nickt verständnisvoll und ich pruste Kuchenkrümel durch die Nase.

Es sind so viele Menschen dort. An diesem Ort, der weder süß noch salzig ist. Interessante Menschen, Brackwasser-Menschen. Mischungen aus verschiedensten Strömen. Menschen, die etwas zu sagen haben, obwohl sie noch sehr jung sind. Menschen, die vielleicht lieber konformer unterwegs wären und gerade erst anfangen zu begreifen, dass die Stromlinie nur ein Strich ist. Eindimensional. Eintönig. Es sind Jugendliche, die das Potential haben, nicht Rädchen, sondern Sand im Getriebe zu werden. Eine Woche haben wir nachgedacht. Uns Dinge erzählt. Lustige Dinge. Wichtige Dinge, gute Dinge und jede Menge Schwachsinn – über all das denke ich nach, als ich mit meinen Kollegen im Auto sitze und zurück fahre in das scheißlangweilige Loch, aus dem ich gekommen bin, Digga.

Wolfsmenschen

So wie einst Maharishi Mahesh Yogi John Lennon und die restlichen Beatles zu neuer Weisheit und Einsicht führte, so werde ich heute meine Tochter unterweisen. Ich habe beschlossen, Lotte die Unbarmherzigkeit dieser Welt zu zeigen. Eine Welt, in der ihr niemand etwas schenken wird, in der sie um jeden Zentimeter wird kämpfen müssen. Die Ellenbogengesellschaft, die schiebt, schubst und drängelt, um nutzlose irdische Güter zu horten. Ich bin Lottes Maharishi Mahesh Yogi.

Da trifft es sich gut, dass sich die gesamte Elite der Ellenbogengesellschaft heute in und um den Discounter unseres Vertrauens zusammenrotten wird. Es ist der letzte Donnerstag in den Sommerferien. Heute kommen die Schulsachen für die neue Bildungssaison auf den Wühltisch.

Als Lotte und ich auf das umzäunte Discounter-Areal rollen, sind die besten Stellplätze bereits vergeben. Wir sind zu spät. Die Reichen und Schönen sind schon da. Seit an Seit ankern riesige schwarzlackierte Autoschiffe in den exklusivsten Parkbuchten – mit Sternen auf und massig PS unter den Motorhauben. Schnippchenschläger und Schnäppchenjäger. Ich quetsche mich mit meinem 22 Jahre alten Volvo-Kombi zwischen zwei dieser blingblinkenden Luxuskarossen. Lotte und ich müssen notgedrungen über die Sitzbänke nach hinten klettern, um das Auto durch den Kofferraum zu verlassen.

Am Eingang werden wir vom Sicherheitspersonal kurz abgetastet. Offensichtlich hat man aus den Zwischenfällen der letzten Jahre gelernt. „Siehe und lerne, mein Kind!", raune ich meiner Tochter zu, während ich ihr den Fahrradhelm auf den Kopf setze. Dann gleitet die Tür auf…

An ganz normalen Tagen geht es im Eingangsbereich nur um Kaffee und Kekse. Heute lagern sich die leicht Verwundeten zwischen unfair gehandelten Genussmitteln. Es sind diejenigen, die hoffen, nach einer kurzen Pause wieder in den Kampf um das Bildungszubehör einzugreifen, um vielleicht doch noch eines der günstigen DIN A4-Hefte ergattern zu können. Ein kariertes natürlich. Mit ohne Rand.

Lotte und ich steigen über die wimmernden Leiber hinweg und bewegen uns langsam auf die, mit Wühltischen bestückte Non-Food-Artikel-Sperrzone zu. Wir kommen an den Spirituosen vorbei. Da steht ein kleiner Mann mit irrem Blick und stopft eine seiner Tennissocken in den Hals einer Wodkafuselflasche. Weiter vorne streiten sich zwei Kundinnen (aka Königinnen) lauthals am Backautomaten. Ganz offensichtlich geht es um die Blechdose mit den Wachsmalstiften, an der die beiden ziehen und zerren. Die Klügere gibt plötzlich nach. Und die Dümmere stürzt mit einem spitzen Jubelschrei zu Boden. Unglücklich. Flach und hart auf den Rücken. Mit einem rasselnden Pfeifen entweicht alle Luft aus ihren Lungen. Und während die eine sich am Boden krümmt und nach

Luft ringt, hat die andere genügend Zeit, um sich eines dieser steinharten Weizen-Baguettes aus dem Backautomaten zu ziehen. Lotte hält meine Hand fest umklammert. Ich schiebe meine Tochter an diesem grausigen Nebenschauplatz vorbei und halte ihr dabei die Augen zu, damit sie nicht mitansehen muss, wie ein Mensch mit einer Backware totgeprügelt wird.

„Papa, ich will nach Hause. Ich gehe auch mit Schiefertafel und Griffel in die Schule!" Nein. Ich will, dass sie alles sieht und niemals vergisst. Wir stehen jetzt im Auge des Sturms. Hier wird die Hobbessche Dystopie Realität. An einem Donnerstagmorgen im 21. Jahrhundert zeigt der Mensch, dass er dem Naturzustand nie entwachsen und noch immer des Menschen Wolf ist. Hier zertrümmern sich Mütter mit Bürolochern gegenseitig die Schädeldecken, stechen sich mit Jumbo-Buntstiften die Augen aus und versuchen, sich mit Geodreiecken die Köpfe von den Schultern zu säbeln. „Komm. Jetzt hast du genug gesehen." Ich führe meine verstörte Tochter den Gang entlang. Dem Ausgang entgegen. Vor der hohlen Kassengasse sitzt ein alter Feldscher mit Knochensäge und Notfallkoffer. Er ist gerade dabei, einer schreienden Großmutter das Schienbein wieder ins Kniegelenk zu kurbeln. Sein blutdurchtränkter Kittel zeugt von den Grabenkämpfen in unserer Ellenbogengesellschaft. „Brauchen Sie was? Sind Sie gebissen worden? Ich habe noch Tetanusimpfungen übrig." Wir schütteln die Köpfe.

Als wir wieder auf dem Parkplatz stehen, brennen bereits die ersten Autos. Der Sicherheitsdienst hat das Schlachtfeld längst geräumt. Wir klettern wieder zurück ins Auto und verlassen diesen Ort des Schreckens. „Ich habe dir das gezeigt, damit du etwas lernst...!" Lotte nickt. „Ja, Papa. Das nächste Mal müssen wir früher da sein. Sonst sind all die guten Sachen schon weg." Mein Name ist Maharishi Mahesh Yogi und neben mir sitzt Yoko Ono – wir haben noch viel Arbeit vor uns.

Blinddarm

Lotte hat den Jackpot geknackt. Akute Blinddarmentzündung. Die Seitenkrankheit. Ich bin immer davon ausgegangen, dass diese Krankheit längst aus der Mode gekommen ist. Alte Menschen haben darüber geredet, in historischen Romanen wird daran gestorben, aber heute? Gibt es da nichts Schickeres? Woran erkrankt man dieser Tage, wenn man Wert auf sein Image legt? Lotte hat sich also die Seite gehalten, gekotzt und wehgeklagt. Die Symptom-Suche auf Google ergibt Krebs-Aids im Endstadium. Irgendwie halten alle Beteiligten das für eher unwahrscheinlich und wir fahren ins nächstgelegene Krankenhaus.

Der russische Bär im grünen Kittel entpuppt sich als Notarzt. Er zieht und drückt an meiner Tochter herum. Schüttelt sie kurz durch. Lotte erblasst vor Schmerz. Der Bär nickt und brummt. „Blinddarm. Muss ins Krankenhaus!" Ich schaue mich um und stelle kleinlaut fest, dass wir ja bereits in einem Krankenhaus sind. Der Bär schüttelt traurig den Kopf. „Wir nicht chaben Werkzeug für Kinder!" Er schaut traurig auf seine riesigen Pranken. Ich bezweifle, dass es überhaupt „Werkzeug" in seiner Größe gibt. Wir verabschieden uns schnell, lassen den melancholischen Russen in seiner Höhle zurück und ziehen weiter.

Die Kinderklinik versprüht den Charme der 70er Jahre. Ein riesiger Komplex, erbaut, um Krankheiten zu besiegen und nicht um Kranke zu heilen. Kalte Sichtbetonplatten. Zweckmäßig aufeinandergeschichtet. Ein paar hundert Wände. Ein paar tausend Toiletten. Fertig. Damals nannte man das Architektur. Gut, sie haben den Eingangsbereich modernisiert. Wer hineinkommt sieht Kompetenz und Ordnung. Dahinter geht es zurück in die Helmut-Schmidt-Ära. Eine Zeitreise auf ausgeblichenem Linoleum.

Lotte wird erneut untersucht. Bekommt einen Zugang gelegt. „Gar nicht so einfach, wenn man keine Venen hat." Der Kinderkrankenpfleger lacht wie eine Kreissäge. Er heißt Ralf. Ralf hat immer gute Laune und das Feingefühl eines Traktors. „Entspann dich, Lotte. Obwohl...", Ralf denkt kurz nach, „das kann man einem Schwein auf der Schlachtbank auch schlecht sagen..." Er lacht sein Kreissägen-Lachen. Ich mag ihn. Lotte nicht. Komisch. Diese Teenager haben einfach keinen Humor. Der Schwesternschülerin im Hintergrund ist Ralf peinlich. Sie nestelt an Spritzen und Urinproben-Bechern herum oder starrt betreten Löcher ins Linoleum. Irgendwann steht eine Ärztin im Zimmer. Sie ist nett und langweilig. Als sie Lotte die nächsten Schritte auf dem Weg zur OP erklärt hat, ist meine Tochter fast eingeschlafen. Der Anästhesist ist jetzt eigentlich überflüssig, kommt aber trotzdem vorbei. Irgendwo draußen im Flur lacht die Kreissäge über ein weiteres Schwein.

„Hallo Lotte. Ich bin Hannes. Wie alt bist du?" Lotte hat Schwierigkeiten ihre Gedanken in dem Chaos aus Schmerz und Tran zu ordnen. „Sie ist elf!", eile ich zu Hilfe. Jetzt ist Lotte wach, blinzelt mich böse an und korrigiert ihren ignoranten Vater. „Ich werde nächstes Jahr 13." Hannes lächelt, notiert sich noch ihr Gewicht und fragt nach schrecklichen Vorerkrankungen. Ich spare mir den Krebs-Aids-Scherz. Ralf hätte ihn bestimmt lustig gefunden. Ein paar Stunden später ist alles vorbei. Lotte hat jetzt keinen Blinddarm mehr. Sie wirkt älter ohne den entzündeten Wurmfortsatz. Die Nächte verbringt sie allein im Krankenhaus und auch tagsüber muss sie nicht mehr rund um die Uhr bewacht und behütet werden. Nächstes Jahr wird sie schon 13.

Sprachlos

Wir besuchen Lotte im Kinder-Krankenhaus. Sie ist jetzt mit ohne Blinddarm und ihre Geschwister wollen die Wunde sehen. Wir nehmen die Treppen. Im dritten Stock ist Lotte untergebracht. Wir müssen also an zwei Stationen vorbei, bevor wir auf der Chirurgie ankommen.

Marie und Ida haben den Aufzug gesehen. Sie verstehen nicht, dass irgendwer auf der Welt lieber Treppen steigt, als Aufzug zu fahren. Auf der Treppe machen sie ihrem Unmut immer wieder Luft. Ich sage, dass ihnen ein bisschen Bewegung jetzt guttut. Immerhin hätten sie gerade 40 Minuten lang nur im Auto rumgesessen. „Wir haben nicht rumgesessen. Wir haben gezankt!", korrigiert mich Ida. Ich erinnere mich deutlich. Trotzdem bin ich nicht bereit, Streit als körperliche Ertüchtigung zu werten und scheuche die unwilligen Kinder vor mir her. Nur Emil ist völlig mit sich und der Situation im Reinen. Er hat seinen Spielzeug-Hubschrauber dabei. Es ist ein Feuerwehr-Hubschrauber. Mit nervigem Motorengeräuschen, Blaulicht und drehenden Rotorblättern. Emil schleppt das Ding seit einem Jahr durch sein Leben. Jetzt fliegt er damit die Treppen hoch.

Wir kommen an der Kinderherz-Station vorbei. Im Flur steht ein Mädchen mit seinen müden Eltern. Vielleicht ist sie sieben Jahre alt. Vielleicht auch zwölf. Schwer zu sagen in dieser Umgebung. Es wird geflüstert. „Bald... noch nicht... aber dann... Urlaub... vielleicht." Gähnen. Aus dem zu großen Unterhemd des zu kleinen Mädchens wächst eine Narbe. Rot und riesig kriecht sie über ihr Brustbein. Sie ist so groß, dass sie fast unecht wirkt. Wie eine dieser Narben, die man in der Karnevals-Saison im Zombie-Kostüm-Set bei Aldi kaufen kann. Aber Karneval ist weit weg. Ida hat die Narbe auch gesehen. Und steht da. Festgewurzelt. Fasziniert. Wir starren zusammen. Bis die Eltern unsere Blicke auf ihrem Kind spüren und sich zu uns umdrehen. Ich werde rot, räuspere mich und schubse Ida weiter die Treppe hinauf.

Auf der zweiten Etage ist die Onkologie. Die Glastür zur Station ist geschlossen. Dahinter ist es dunkel. Den Kindern fällt das nicht auf. Es ist nur eine geschlossene Tür in einem riesigen Krankenhaus. Das Drahtglas in den schweren Metalltüren ist mit bunten Fensterbildern verziert. Vermutlich von Kinderhänden gemacht. Und weil das Licht dahinter fehlt, leuchten sie nicht. Sie schimmern bräunlich.

Der Hubschrauber ist auf der dritten Etage angekommen. Die Kinder stehen schwer keuchend vor dem Eingang zur Chirurgie. Als wir zusammen eintreten, sitzt dahinter ein Junge in seinem Rollstuhl. Von seinem Kinn tropft Speichel und um seinen Kopf trägt er einen Metallring, der mit Schrauben in seinem Schädel verankert wurde. Jetzt stehen wir alle da und wissen nicht, was zu tun ist. Meine Töchter sind sprachlos. Ich bin es auch. Der Junge schaut uns durch dicke Brillengläser an. Er spricht undeutlich. „Was ist das?", er zeigt auf den Hubschrauber in Emils Hand. „Das ist Tom. Er fliegt zum Einsatz.", klärt Emil auf. „Wer bist du?" Die Antwort des Jungen versteht keiner. Er könnte Alexander oder Andreas heißen. Emil ist es egal.

Alexander-Andreas auch. „Kann ich den haben?", fragt er. Emil reicht ihm sein Lieblingsspielzeug. „So geht der an!" Das nervige Motorengeräusch freut beide Jungs und weil das Licht auch auf Station 3 nicht besonders hell ist, blinkt das Blaulicht klar. Sie fliegen ein bisschen in der Gegend herum. „Du musst die Spucke runterschlucken!", weist Emil Alexander-Andreas an. Emil kennt das. „So musst du das machen!" Er demonstriert, schluckt seinen Speichel und wischt sich mit dem Ärmel das Kinn ab. Sein Gegenüber tut es ihm gleich. Es klappt nicht, aber die beiden sind zufrieden. Sie grunzen sich zu.

Ein paar Minuten später besuchen wir Lotte. Es geht ihr gut. Sie meckert. Kinder die meckern, werden wieder gesund. Auf dem Rückweg ist es still im Auto. Ida und Marie zanken nicht. Sie schauen aus ihren Fenstern. Ich will nichts zerreden. Ich wüsste auch nicht, was. Wir sind sprachlos und ich halte das für gesund. Lediglich Emils Hubschrauber ist nervig und blinkt.

Flatrate

Eigentlich sollte es schön werden. Nur beste Absichten. Frühstücken gehen mit den Kindern. Sie mögen das. Wahrscheinlich, weil sie sich erwachsener fühlen, wenn sie mit wichtiger Miene ans Buffet drängeln, Wurst angeln und nach Brötchen grapschen.

Helena ist weg. Sie bringt Emil in den Kindergarten. Wir haben Stöckchen gezogen. Ich habe verloren. Und jetzt bin ich allein mit völlig unterbeschulten, manisch gelangweilten Töchtern. Das Wetter ist toll, die Vögel zwitschern lustige Lieder. Das Szenario ist trügerisch. Bis hierher gab es erstaunlicherweise nur kleinere Streitigkeiten ums Zähneputzen. „Papa, das ist doch bescheuert. Vor dem Frühstück macht das gar keinen Sinn. Ich mach das nicht." Es folgt die ritualisierte Drohung: „Dann bleibst du hier!" Irgendwie scheinen die Kinder nicht glücklich zu sein, wenn sie dieses Spiel am Morgen nicht spielen dürfen. Sie brauchen das. Es ist eine Tradition und mit Traditionen zu brechen, kann Kinder in große Verzweiflung stürzen. Habe ich gelesen. Verzweifelte Kinder, die sich die Haare raufen, weil sie keine väterlichen Weisungen zur Körperhygiene mehr bekommen – ich sehe das Bild klar vor mir und fühle mich kurz versucht. Zweifle dann aber rechtzeitig an der Richtigkeit der Traditions-Theorie. Meine Kinder würden sich freudig erregt und mit massivem Mundgeruch über das öffentliche Flatrate-Fressen hermachen.

Mit mehr oder weniger geputzten Zähnen schaffen es alle ins Auto. Um bewaffnete Konflikte um die besten Sitzplätze zu vermeiden, wurden Kinder und Sitze einander fest zugeordnet. Es war ein faires Losverfahren, das von allen Betroffenen bis heute angefochten wird. Im Zuge einer weiteren Gerechtigkeitsoffensive wurden auch identische Sitzerhöhungen angeschafft. Es dauert keine zehn Sekunden bis Ida erkennt, dass Marie auf ihrem Kindersitz Platz genommen hat. Das Geschrei ist groß. Beschimpfungen fliegen. Fäuste auch. Mit großer innerer Ruhe und Überlegenheit schreite ich ein: „Ida. Hör auf mit dem Quatsch! Die blöden Sitze sind alle gleich." Ida starrt mir wütend ins Gesicht, hält mir ihr Sitzkissen vor die Nase und erklärt lauthals, dass ihr Sitzbezug nicht diese Abnutzungsspuren hätte und dass Marie wahrscheinlich heimlich die Bezüge ausgewechselt hat. Sie beschreibt die Tat lückenlos. Kann sogar ihre noch größere Schwester als Augenzeugin des gemeinen Frevels ins Feld führen. „Das stimmt Papa. Sie hat den Bezug ausgewechselt", bestätigt Lotte Idas Ausführungen. Ich will diese Debatte nicht führen. Ich bin 35. Wenn es schlecht läuft, dann ist die Hälfte meines Lebens bereits vorbei. Ich beende die Gerichtsverhandlung mit salomonischer Gerechtigkeit. „Setzt euch jetzt! Die sind alle gleich!" Im Rückspiegel sehe ich Marie sardonisch in Richtung ihrer betrogenen Schwester grinsen. Ich beende das erneute Gezeter, indem ich erst das Auto und dann das Radio starte. Es ertönt ein Hörspiel, das wir alle schon 40 Millionenmal gehört haben. Trotzdem wird es sofort ruhig.

An der Kasse des lokalen Frühstücks-Franchise nimmt dann das Unglück seinen Lauf. Die geänderte Geschirr-Politik des Backhauses führt dazu, dass meine Töchter statt „echter" Kaffeetassen nun Plastikbecher mit Janosch und Tigerenten Aufdrucken ausgehändigt bekommen. Ein Affront. Wie können sie es wagen? „O-Saft aus Plastikbechern schmeckt scheiße!", ereifert sich Marie wortgewandt. Ihre Schwestern nicken heftig. „Ja. Voll scheiße!" Ich habe dazu nichts zu sagen, weil ich versuche, den vorwurfsvollen Blicken der übrigen Gäste zu entgehen. Der Typ hat seine Kinder nicht im Griff. In der Hand das Tablett mit den Plastikbechern und die nölende Brut im Schlepptau, durchquere ich das Restaurant und steuere auf die Terrassentür zu. Der nächste Fehler. „Ich will nicht da raus. Draußen ist es zu heiß", jammert Marie. „Ich habe keine Strickjacke dabei. Mir ist das zu kalt!", meckert Lotte und Ida gibt zu bedenken, dass die Entfernung zum Buffet definitiv zu groß sei.

Nur zwanzig Minuten und zwei innerliche Tobsuchtsanfälle später haben wir eine Lösung gefunden, die wenigstens 75% der Anwesenden zufriedenstellt. Die Kinder sitzen an einem eigenen Tisch. Direkt neben dem Buffet. Es ist dort nicht zu warm und nicht zu kalt. Sie schlürfen O-Saft aus den Sektgläsern, die eigentlich für die mittelständische Eltern-Bohème bereitgestellt worden sind. Die Schoko-Croissants befinden sich in Griffweite. Es ist der Himmel auf Erden. Meine Töchter sitzen auf Wolke sieben und schaufeln ungehemmt Kohlehydrate in ihre kleinen Körper. Ich habe mich auf die Terrasse zurückgezogen und trinke O-Saft aus drei Plastikbechern. O-Saft aus Plastikbechern schmeckt wirklich scheiße. Und das Buffet ist definitiv zu weit weg.

Verschenkt

Die Kinder basteln Geschenke. Ständig basteln sie Geschenke. Zu jedem Fest. Am Anfang war es nett, aber nun sind es vier Kinder und alle basteln sie Geschenke. Von Mal zu Mal fällt es mir schwerer, Freude zu heucheln. Ich stelle mir vor, wie die Kinder reagieren würden, wenn wir ihnen etwas zum Geburtstag basteln würden. Ein selbstgemaltes Bild mit allen Familienmitgliedern, statt eines Fahrrades. Sicher. Es hat mit Ressourcen zu tun, aber eigentlich wünsche ich mir nur gute Laune und absoluten Gehorsam von ihnen. Ist das denn zu viel verlangt? Stattdessen bekomme ich halbherzig gefalteten Zellstoff, der aus unerklärlichen Gründen mit Tesafilm verklebt und mit Buntstiften bekritzelt wurde.

„Hier Papa. Das habe ich für dich gemacht! Herzlichen Glückwunsch zum Geburtstag.” Ida drückt mir einen farbigen Papierknödel mit Fettflecken in die Hand und wendet sich dann meinem Geburtstagskuchen auf dem Frühstückstisch zu. „Danke, Ida! Damit kann ich im Winter den Ofen anstochen!” Das denke ich nur und fühle mich schlecht dabei. Aber die Zeiten, in denen Ida sich konzeptionell mit der Basteläussage beschäftigte, bevor sie sich ans Werk machte, sind ganz offensichtlich vorbei. Sie handelt es ab. Was im Zimmer rumfliegt wird integriert. Inklusives Basteln. Ein Kieselstein. Sand. Ein Stück Schnur. Apfelkerne. Alte Wurstbrote. Im Prinzip hat sie mir den Inhalt ihres Papierkorbes geschenkt. Und ich muss mich jetzt darüber freuen. Es ist ihre Rache für jedes „Räum dein Zimmer auf, Ida!” Ich starre auf den stinkenden Zellstoffklumpen in meiner Hand. „Es ist... wunder... schön... Danke!” Ich lächle gezwungen, tätschle Ida das klugbösartige Köpfchen und Helena lacht. Ich werfe ihr den „Warte-ab-bald-hast-du-Geburtstag-Blick” zu. Sie verstummt, erinnert sich an ihre eigene Kommandostruktur und ahnt Schlimmes. Ich sehe befriedigt die nackte Angst in ihren Augen.

Lotte hat das sorgende Herz der Ältesten. Sie hat Smoothies gebastelt. In der nachbarlichen Küche. Zusammen mit ihrer besten Freundin. Dem Geschmack nach zu urteilen… ohne Aufsicht und auch ohne Rezept. In meinem Mund explodiert ein halber Liter Pfefferminz-Sirup zusammen mit Zitronenschalen und Johannisbeersaft-Konzentrat.

Meine Geschmacksnerven eskalieren. Mein Gesicht auch. In Sekunden um Jahre gealtert, würge ich den beiden wenig überzeugend ein „Mmmmhhh… lecker!" entgegen. Lotte und ihre Freundin blicken skeptisch. Also leere ich den bitteren Kelch tapfer bis zur Neige. „Wirklich… sehr… inter… sehr gut!", behaupte ich mit Tränen in den Augen. Lotte interpretiert es als Rührung und zaubert hinter ihrem Rücken einen zweiten, noch größeren Kelch hervor. Nein. Kein Kelch. Es ist ein Pokal. Bis zum Rand gefüllt mit einer zweiten Portion flüssigen Leids. Es ist der Pokal, den Ida Lotte zu ihrem letzten Geburtstag geschenkt hat, nachdem ich sie aufgefordert hatte, das Ding endlich wegzuschmeißen. „Das fliegt doch nur rum." Ich war ein Narr. Der Pokal wurde zu einem Geschenk umfunktioniert und jetzt sucht er mich heim. Verzweifelt wende ich mich an Helena. Sie schüttelt panisch den Kopf. Ich flüstere ihr etwas von ehelichen Pflichten ins Ohr, woraufhin sie den Pokal in einem Zug leert, den beiden Smoothie-Designerinnen dankt und dann aus der Küche stürzt. Ich sage ihr nicht, dass Emil gerade auf dem Klo sitzt und darauf wartet, abgeputzt zu werden.

Dieser Geburtstag ist ein untrügliches Zeichen für einen grundlegenden Wandel, der in dieser Familie vollzogen werden muss. Es ist Zeit für eine Umverteilung des Reichtums. In Zukunft werden alle Kinder gleichmäßig an meinem Gehalt beteiligt und ich werde zu den großen Festen unverschämte Wunschzettel schreiben. Und wehe, eines dieser Kinder bastelt nochmal.

Vorgeführt

Marie und ihre Schwestern haben das Puppentheater aus den Untiefen einer lang verschollenen Spielzeugkiste geborgen. Auch der Prinz ist aufgetaucht. Und das Krokodil. Und die ganze Kasperle-Bande. Die Idee, ein Stück auf die Bühne zu bringen, liegt auf der Hand. Die Proben dauern elf Minuten und fordern einige Opfer.

Das erste „Ich mach nicht mehr mit!" wird nach 20 Sekunden durchs Kinderzimmer geschrien. Ida wollte die Prinzessin spielen. Alle anderen auch. Lotte verlässt das Zimmer mit einem Weinkrampf. Auf dem Weg in ihr eigenes Refugium hämmert sie zwei Türen in ihre wackligen Schlösser. Für die Galerie brülle ich ein „Hört auf, die Türen zu schlagen" in die obere Etage. Meine Ansage ist nicht mal ein „Ich war das nicht!“ wert. Ich interessiere niemanden. Das Projekt ist wichtig. Sonst nichts. Aber wenigstens habe ich dem elterlichen Protokoll genüge getan.

Die Proben gehen ohne Lotte weiter. Wenig später steht die Story. Die verbliebenen Schwestern sind zufrieden und gratulieren sich gegenseitig zu ihrer schlüssigen Geschichte. Dann schmeißen sie ihren Bruder aus dem Zimmer. „Emil, wir brauchen keinen Leoparden!“ Emil kann zurzeit keine Kompromisse eingehen. Er ist ein Leopard oder nichts. Schon seit Wochen. Und er ist ein guter Leopard. Laut und wild und gefährlich für seine Umgebung. Ida und Marie zerren ihren fauchenden Bruder liebevoll fluchend aus dem Zimmer. An den Füßen. Ein Unterfangen, das sich als schwierig herausstellt, weil der Leopard sich knurrend in den Bühnenrand verbissen hat. Nach einem kurzen Gerangel hebelt Marie ihrem Bruder mit einer Playmobil Feuerwehrleiter die Bühne aus dem Kiefer und schleift ihn erfolgreich aus dem Raum. Wieder fliegt eine Tür zu. Der Leopard jault eine Weile vor verschlossenen Toren und tritt dann widerwillig den Rückzug an.

„Papa. Wir haben fertig geprobt! Komm!" Ich will nicht. Ich verstecke mich im Keller. Zwischen den Konserven. Da wird Marie nicht suchen. Ich stehe zwischen Gurken, Würstchen und einer großen Auswahl an Eingemachtem aus den 90er Jahren – frühe Werke meiner Mutter. Die Lektüre der Etiketten ist alles andere als kurzweilig: „Sommertraum: Waldfrüchte mit Minze. 1997", „Herbstabend: Apfel-Walnuss mit Koriander. 1999". Wir sind mit diesen Köstlichkeiten also dreimal umgezogen. Wenn es soweit ist, werden mir Würstchengläser mit Fruchtmatsch als Grabbeilage in die leblosen Hände gedrückt. Die Fähre über den Styx werde ich mir wohl nicht leisten können. „Tut mir leid. Wäre es Erdbeer-Marmelade gewesen… aber viel Spaß beim Schwimmen!" Charon lächelt freundlich, während er ablegt, um ein paar dunkle Seelen in den Hades zu schippern.

„Papa, was machst du hier?" Vor mir steht Marie. Sie ist offensichtlich überrascht, mich hier zu finden. Ich bin es auch. Fast entgleitet mir der Herbstabend. „Ich… schaue, wieviel Marmelade wir noch haben." Marie ist skeptisch. „Hast du dich hier versteckt?" Ich räuspere mich, stelle den Herbstabend für die nächsten 20 Jahre zurück ins Regal und murmele ein eloquentes „Ähhh…!“ Marie fällt ihr Projekt wieder ein. „Komm jetzt. Wir wollen dir etwas vorführen.“

Sekunden später sitze ich vor dem Puppentheater. Auf einem kleinen Ikea-Plastikhocker, der seinen Namen „Mammut“ völlig zu Unrecht trägt. Hinter dem geschlossenen Vorhang treffen die Darstellerinnen letzte Absprachen. Ida und Marie vergessen mich. Sie streiten kurz darüber, ob das Krokodil erst verhauen wird und dann den Prinzen frisst oder ob der Prinz verschlungen und dann mitsamt Krokodil verprügelt werden sollte. Dann wird das ganze Stück über den Haufen geworfen. Ich frage, ob ich vielleicht nochmal kurz weggehen kann. Weit weg. „Warte Papa, gleich geht es los!“ Gleich. Aha. Ich fische mir ein lustiges Taschenbuch von Idas Nachttisch und mache es mir auf dem winzigen Hocker so gemütlich wie möglich. Nebenan knurrt ein Leopard. Zehn Minuten später ist es soweit.

Der Vorhang gleitet auf. Das Stück ist ein wenig vorhersagbar und voller Gewalt. In schneller Reihenfolge werden erst das Krokodil und dann ein Ritter von der Prinzessin in die Flucht geschlagen. Als der Prinz eintrifft, hat sich die Prinzessin bereits selbst gerettet. Der Prinz wird zudringlich und besteht auf den Kuss. Die Prinzessin wehrt sich und gibt dem Prinzen ordentlich Backenfutter. Ende. Das Stück hat genau 30 Sekunden gedauert. Auch Ida und Marie fällt auf, dass es der Geschichte an Tiefe und den Charakteren an Schärfe gefehlt hat. Also tritt jetzt nach und nach das gesamte Handpuppen-Kabinett auf und kassiert ebenfalls Haue. Der Polizist, die Oma, der Kasperle und am Ende auch der Teufel selbst… sie alle fallen dem Amoklauf der Prinzessin zum Opfer. Ida und Marie befinden sich im Blutrausch und zerren nun auch ihre Stofftiere auf die Bühne, um sie niederzumetzeln. Mir wird das zu doof. Ich stehe auf, öffne die Tür einen Spalt, rufe leise nach Emil, während im Hintergrund ein kleines, flauschiges Robbenbaby niedergeknüppelt wird. Emil schleicht – ganz Raubkatze – auf allen Vieren ins Zimmer. Als er die Kampfhandlungen sieht, beginnen seine Augen erst zu leuchten und verengen sich dann zu schmalen Schlitzen. Der Leopard setzt zum

Sprung an. Frisches Robbenfleisch. Das ist genau sein Ding. Als der Leopard mit lautem Gebrüll in die Bühne fliegt, verlasse ich leise den Raum. Ich habe noch ein paar Marmeladengläser zu inspizieren.

Sankt Martin

Es ist kalt und die Kinder sind begeistert. Wir werden einem sehr alten Pony hinterherlaufen und dabei noch ältere Lieder singen. Von einem Mann, der zu geizig war, um seinen ganzen Mantel zu verschenken. Ein echtes Vorbild. Wir geben gerade so viel, dass es uns selbst nicht weh tut und fahren dann in unseren hübschen Autos in unsere hübschen Häuser. Eigentlich ist die Geschichte vom Sankt Martin eine sozialkritische Veranstaltung.

Da verschenkt einer die Hälfte seines Mantels und bekommt dafür einen eigenen Gedenktag. Kein schlechter Deal. Wir verklappen Kinderklamotten säckeweise in Rotkreuz-Containern. Da war sicher auch schon der eine oder andere Mantel dabei. Und die waren dann auch nicht zerschnitten. In 1600 Jahren wird es also einen Tag geben, an dem Kinder hinter einem klapprigen Kleinwagen herlaufen und singend meinem Lebenswerk huldigen.

Der Flur ist erfüllt vom Funktionsjackengeraschel. Kinder lachen Kinderlachen. Dann Geschrei. „Das ist meine Jacke, Marie! Gib sie her!" Lotte zückt den Schuhanzieher. Den großen, handgeschmiedeten mit den scharfen Kanten und geht damit auf ihre Schwester los. Marie pariert die Attacke geschickt mit ihrem schweren Lederstiefel. Bevor Blut fließt, entwaffne ich die Kontrahentinnen und drohe mit Hausarrest auf Lebenszeit. Ich bin sehr glaubwürdig. Und weil die Kinder wissen, dass ich jede spontane Drohung kompromisslos durchsetze, ziehen sie murrend von dannen. Ich klopfe mir selbst auf die Schulter. Ich weiß gar nicht, was die Leute immer haben. Kindererziehung ist überhaupt kein Ding. Heulsusen. Klappt doch. Wenn man es so gut macht, wie ich. Helena schiebt sich an mir vorbei und murmelt mir „Glückstreffer!" an den Kopf. Ich suche nach dem Schuhanzieher.

Irgendwann sind wir tatsächlich alle soweit. Der Treffpunkt ist die Backhaus-Bauruine in der Mitte des Dorfes. 20 Meter Fußweg. Als wir dort ankommen, hängt bereits die Hälfte unserer Laternen in Fetzen von zerbrochenen Stöcken. Die Stimmung könnte besser nicht sein. Größere Kinder jagen ihre kleineren Geschwister mit brennenden Fackeln. Der Kampfhund des sympathischen Nachbarn bellt lustig und schnappt verspielt nach vorbeilaufenden Kinderbeinen. Der Mob ist bereit.

Und dann die Hiobsbotschaft. Mit Tränen in den Augen steht Ida vor mir und gibt weiter, was soeben in den Reihen der Blaskapelle geflüstert wurde. „Der Sankt Martin kommt nicht! Sein Pony ist krank." Sie sagt es zu laut. Die Welt steht für einen Moment still. Dann weiten sich Augen. Unterlippen beginnen zu beben. Nun bricht das Chaos los. Kinder schreien. Mütter wehklagen. Männer raufen sich gegenseitig die Haare aus. Die Verzweiflung ist groß. Was sollen wir nur tun? Was im Leben macht jetzt noch Sinn? Am Ende spricht der Ortsbürgermeister ein Machtwort. „Wir lassen uns den Martinszug nicht nehmen! Wir laufen trotzdem. Jetzt erst recht!" Der Mob beruhigt sich. Köpfe nicken. Mütter trocknen Kindertränen. Zustimmendes Gemurmel. „Das Pony sah schon im letzten Jahr nicht gut aus." „Nach meiner Lara hat das Vieh geschnappt. Hoffentlich stirbt der Gaul!"

Und so wird unser Martinszug zu einer wütenden Protestbewegung. Trotzig marschieren wir gegen die Unwägbarkeiten des Lebens. Die Blaskapelle spielt zornig ihr limitiertes Repertoire an Martinsliedern und wir brüllen „Rabimmel, Rabammel, Rabumm. BUMM! BUMM!" Wie montags in Dresden, schießt es mir durch den Kopf. Lag die Singbeteiligung im letzten Jahr noch bei unter 12%, so steigt sie heute Abend auf nahezu sozialistische 90%. Wenn der deutsche Wutbürger Sankt Martin feiert, dann richtig.

Nur Emil will immer noch nicht wahrhaben, dass er Sankt Martin ohne Sankt Martin auskommen soll. Er fragt immer wieder nach dem Verbleib des berittenen Helden und am Ende müssen wir ihm erzählen, dass das Pony vermutlich dem Angriff eines riesigen Leoparden-Rudels zum Opfer gefallen ist und gefressen wurde. Das leuchtet Emil ein. Ob auch ein Gorilla an dem Pony-Mord beteiligt war, will er noch wissen. Natürlich war da auch ein Gorilla. Wahrscheinlich sogar zwei.

Später sitzen wir um ein loderndes Feuer. Menschen starren in die Flammen. Auf den Bänken liegen zerstückelte Weckmänner. Kinder spielen, mit Tonpfeifen im Mund, fangen. Im Hintergrund werden Würstchen verkauft und tote Hühner und Enten verlost. Lotte gewinnt eine Ente. Wir schleppen die Geflügel-Leiche in einer Plastiktüte nach Hause und Lotte wird nicht müde zu betonen, dass unsere Familie noch niemals zuvor so viel Glück gehabt hätte.

Kinderschmuggel

Ida steht vor mir. Die Hände hält sie hinter dem Rücken versteckt. „Ida! Was habt ihr draußen vor?" Ida guckt erstaunt. „Nichts!" Nichts. Natürlich. Wie konnte ich nur fragen. Meine Kinder haben meistens nichts vor. Nach all den Jahren halten diese Kinder ihre Eltern immer noch für leicht beschränkt. „Ida! Was hast du mit Pelle draußen vor?" Pelle, der Nachbarjunge, hat sich schon bei meiner ersten inquisitorischen Frage aus dem Staub gemacht. Er lungert im Schatten der Garderobe und fingert sehr interessiert an unserem Staubsauger herum. Pelle hat nie zuvor in seinem Leben einen Staubsauger gesehen. Ein Wunderwerk der Technik. Was die wohl als Nächstes erfinden werden? Pelle glänzt eher durch gute Einfälle, als durch Mut und Entschlossenheit. Besser ist das.

Ida wird ungeduldig. „Können wir jetzt gehen, sonst wird das Holz draußen nass!" Aha! Ich höre wie Pelle erschrocken nach Luft schnappt und vor lauter Angst den Staubsauger umarmt. „Ida? Für wie blöde hältst du mich? Du hast da Streichhölzer hinter deinem Rücken... Was habt ihr damit vor?" Marie schlendert durchs Bild. Nur mit einer Unterhose bekleidet. Sie will in den Keller. Da stehen die Süßigkeitenkisten der Kinder. Sie murmelt etwas von „Wäscheleine... Lieblingsjeans" und verschwindet dann.

Ida senkt betreten den Kopf. Woher hat ihr Vater das gewusst? Hat sie etwa nicht gut genug aufgepasst, als sie sich mit linkisch-unnatürlichen Schleichbewegungen dem Tisch näherte? Und war es zu auffällig gewesen, als sie sich beiläufig mitten auf den Tisch legte, um die Streichholzschachtel unter ihrem Körper zu begraben? Was hatte sie nur verraten? War es der Moment, als sie sich schwerfällig vom Tisch rollte und die Schachtel auf den Boden fiel? War es das panische Flüstern im Anschluss an das Missgeschick? „Pelle! Komm schnell! Da liegt die Schachtel!" Oder war es Pelles Schuld? Seine feuchten, nervösen Hände hatten die

Schachtel erst aufgeweicht und dann zerrissen. Nein. Auch in dem Moment hatte Papa weiter auf seinen Laptop geschaut und irgendwas getippt. Sie hatten wie kleine Schatten gearbeitet, als sie die Streichhölzer geräuschvoll vom Küchenboden auflasen. Ida ist all das ein Rätsel. Der Plan war perfekt gewesen.

Ich habe mir alles mit Genuss angeschaut. Was für ein Schauspiel. Viel auffälliger ging es kaum. Das angstvolle Schielen in meine Richtung. Die Schweißausbrüche auf Pelles Stirn. Idas panisches Schreiflüstern. Ein Jahrhundertraub! Ein echtes Privileg, diese beiden genialen Kinderhirne in Tateinheit arbeiten zu sehen. Bei mir ist es damals nicht anders gewesen. Auch ich wurde laufend enttarnt und habe nie verstanden, wie es dazu kommen konnte. Gewitzt wie ich war. Offensichtlich wird dieses Talent weitervererbt. Die nächste Generation von Meisterdieben.

Ida tritt nervös von einem Bein aufs andere. „Wir wollen nur was ausprobieren!" Ein Geständnis. Hinter mir fällt Pelle in Ohnmacht. Im Hintergrund steigt Marie schwer keuchend die

Kellertreppen herauf und drängelt sich unauffällig durch die Szene. Eine Hose hat sie immer noch nicht an. Dafür aber eine dicke Winterjacke. Die mit den großen Taschen.

Ich einige mich mit Ida darauf, dass sie auf unserem Hof bleiben und nichts anzünden, was entweder lebt oder den Wert von zwei Eiskugeln überschreitet. Wir rechnen in Eiskugeln. Damit kann hier jeder was anfangen. Ida ist zufrieden mit dem Deal. Sie weckt Pelle und die beiden ziehen von dannen. Ich gehe zurück ins Wohnzimmer. Ich werde darüber einen Text schreiben. Als ich mich setze, wird Helena in der oberen Etage laut: „Marie! Ich will wissen, was du da in den Taschen hast!"

Wahrsager

Ich schiebe einen Einkaufswagen durch die vollen Gänge des Discounters. Ich will hier nicht sein. Heute beginnen die Handwerkerwochen. Trotzdem sind hier keine Männer zu sehen. Männer wollen keine King Craft-Schwingschleifer, um die Küchenarbeitsflächen ihrer Frauen wiederherzustellen. Männer wollen starkstrombetriebene Abbruchhämmer von Hilti, um Küchen komplett zu entkernen und niederzureißen. Männer wollen Küchen vernichten und dann Handwerker bestellen. Sollen die doch das Chaos beseitigen und lavendelfarbene Hochglanzküchenzeilen einbauen. Trotzdem halten diese Frauen das kleine King Craft-Heimwerkerset mit den 2000 Teilen für ein gutes Weihnachtsgeschenk.

Ich will nichts von alledem. Ich will nur Milch. Und ich habe eine kleine Marie dabei. Sie ist jetzt zwei Jahre alt. Sie sitzt in diesem gemütlichen, liebevoll designten Einkaufswagen-Kindersitz aus deutschem Qualitäts-Stahl. Maries kleine Speckbeine haben kaum durch die herausgefrästen Öffnungen gepasst. Sie wollte es trotzdem so. Aber ich habe Bedenken. Erstens befindet sich nun alles in Griffhöhe dieses unberechenbaren Kindes und zweitens werde ich bestimmt eine King Craft-Flex kaufen müssen, um mein Kind aus dem Sitz herausschneiden zu können. First Things First. Milch! Ich schubse den Wagen durch den Gang. Vorbei an Brot, Süßigkeiten und Spirituosen. Marie ist ruhig und konzentriert. Sonst redet sie wie ein Wasserfall. Aus Gewohnheit gebe ich zustimmende Geräusche von mir. „Ja. Hmm... ja. Gleich." Marie schaut mich skeptisch an. Sie schaut tief in meine Seele und deaktiviert den väterlichen Autopiloten. Dann plötzlich erregt ein Stapel Plastikflaschen ihre Aufmerksamkeit. Sie wedelt aufgeregt mit ihren kleinen, dicken Händen. Und brüllt dann laut: „GUCK PAPA. DA STEHT DAS BIER!"

Augenblicklich wird es still. Die Zeit bleibt stehen. In der Ferne bellt ein Hund. Mütterblicke durchbohren mich. Köpfe kopfschütteln. „Aha!“, denken sie alle. „Kindermund tut Wahrheit kund.“ Marie strahlt. Ich wünsche mir einen King Craft-Klappspaten, um mir mein eigenes Grab schaufeln zu können.

Sieben Jahre später. Dieselbe Marie sitzt am Küchentisch vor einem großen Gemüseteller und schaut ihrer jüngeren Schwester neidisch beim Essen zu. Marie darf zurzeit abends nur noch ein Brot essen. Ihre Liebe zu Kohlenhydraten hat diese Maßnahme nötig gemacht. Ich sehe, dass die ungerecht Behandelte einen Plan hat. Sie lächelt diabolisch. „Ida... gib mir mal deine Hand. Ich kann dir die Zukunft vorhersagen.” Ida ist nur mäßig überzeugt, überlässt ihrer Schwester aber die freie Hand. „Ich brauche die andere Hand. Links ist nur Nebel. Rechts liegt die Wahrheit... das Brot kannst du hier ablegen.” Sie deutet auf ihren leeren Teller. Ida tut, wie ihr geheißen. Marie, die Wahrsagerin, befummelt die rechte Handfläche ihrer Schwester und brummt dabei mystisch. „Ida... ich sehe... ich sehe, dass du morgen um 6:45 Uhr von Papa geweckt werden wirst.” Sie ist gut. „Außerdem sehe ich... ooohhh... ich sehe, dass du heute Abend noch Ärger bekommen wirst, weil du zu lange brauchst, um dich bettfertig zu machen... es wird schlimm werden." Idas Augen weiten sich. Ihr Mund klappt auf und zu. Marie hält Idas Hand weiter fest. Die Augen verschlossen. „Ida... ich sehe dein Zimmer. Es ist sehr unordentlich. Papa wird dich anbrüllen, weil du es nicht aufgeräumt hast." Das ist zuviel. Ida hat Tränen in den Augen. „Ich war heute den ganzen Tag weg! Mein Zimmer ist ordentlich." Marie zuckt mit den Achseln. „Die Hand lügt nicht..."

Jetzt weiß ich auch, was Marie den ganzen Tag mit ihren Freundinnen in der oberen Etage getan hat. In Idas Zimmer steht die Verkleidungskiste. Noch ein Privileg, das sie ihrer Schwester seit Monaten missgönnt. Das Spiel von Marie und ihren Freundinnen hatte sich sehr nach Verwüstung angehört. „Habt ihr aufgeräumt?", hatte ich streng gefragt, bevor ich die Freundinnen des Hauses verwies. Heftiges Kopfnicken. Natürlich haben sie. Machen sie das nicht immer? Von ganz alleine. Ohne, dass sie irgendwer daran erinnern müsste? Wie kann ich es nur wagen, diese Frage zu stellen?

Ida stürzt weinend aus dem Esszimmer und eilt die Treppenstufen hinauf. Ich werfe Marie einen bösen Blick zu und eile dann ihrer Schwester hinterher. Als ich oben ankomme, steht Ida bereits zitternd im Türrahmen. Ihre Hand hat wirklich nicht gelogen. So sieht die Apokalypse aus.

Ich nehme Ida in den Arm und versichere ihr, dass ihre Schwester für diese Schandtat büßen wird. „Jetzt iss erstmal auf und dann quälen wir Marie!" Ida lächelt versöhnt. Als wir wieder am Esszimmertisch ankommen, sind Marie und Idas Brot wie vom Erdboden verschluckt. Ida überlegt. „Ich weiß ungefähr, wie Maries Abend aussehen wird, Papa!" Ich nicke. Wir essen Gemüse und malen uns gemeinsam Maries düstere Zukunft aus.

Qualvoll

Es ist Montag. Ich stehe an der Bushaltestelle. Hier verklappen jeden Morgen Eltern ihre Kinder in den „Ernst des Lebens". Und ich verstehe nicht, warum alle Welt den Montag verteufelt?! Der Montag ist ein ganz wunderbarer Wochentag. Das Wochenende ist vorbei und die Brut strebt endlich wieder aus dem Haus.

An der Haltestelle stehen lauter Eltern, die den Montag für eine Frechheit halten und sich nun gegenseitig Geschichten von kindlichen Heldentaten erzählen: „Lina-Sophie war so süß und hat am Wochenende den Tisch gedeckt. Ich musste nicht mal was sagen!"

„Ach wirklich? Das ist ja lieb von der Lina-Sophie! Unser Till hat am Samstag den Schuppen aufgeräumt. Ganz von alleine.” Beide seufzen wehmütig. Lina-Sophie und Till sind wirklich zwei ganz außergewöhnliche Kinder. Folgsam. Freundlich. Und ganz und gar tugendhaft. Ich habe nichts zu sagen, halte meinen Mund und lächle bewundernd, während Emil mit seinem neuen Lieblingsstock konzentriert auf ein nahegelegenes Gebüsch einprügelt.

Ich erinnere mich dunkel. Vor nicht einmal 24 Stunden haben wir zur Kernwaffe der Erziehung greifen müssen. Der pädagogische Meltdown. Der didaktische Supergau. Nachdem wir das gesamte Waffenarsenal elterlicher Erziehungsgewalt entleert hatten (Taschengeldentzug, Hausarrest und die Annullierung von Weihnachten und sämtlichen Geburtstagen bis zur Volljährigkeit), war dieser finale, goldene Blattschuss in die Kinderherzen der letzte Ausweg: „Wir gehen jetzt spazieren und ihr kommt ALLE mit!” Heulen und Zähneknirschen. Lotte wälzt sich vor Verzweiflung am Boden. Marie wirft mit einem „Ihr seid bescheuerte Eltern!” nach uns. Ida versucht, sich leise davonzuschleichen und Emil steht vor mir und winselt mit tränenerstickter Stimme um Gnade. „Alles. Nur das nicht!" Geschlossen wollen die Geschwister wieder in Vermittlungsgespräche einsteigen. Man gelobt feierlich die Einstellung aller Faustkampfhandlungen bei gleichzeitiger Wiederherstellung von Ordnung in den Herkunftszimmern. Aber es ist zu spät! „Ihr kommt mit!", lächelt mir Turnvater Jahn sardonisch aus dem Gesicht.

Nicht einmal zweieinhalb Stunden später stehen wir alle vor dem Haus. Erst die Androhung, auch noch den Trimm-Dich-Pfad mit ins Spazier-Programm aufzunehmen, hat unserer anachronistisch-erzieherischen Maßnahme zum Durchbruch verholfen. Die Gesichter der Kinder leuchten nun hell vor Freude. Ganz aufgeregt scharren sie mit den Hufen und können es kaum erwarten, endlich zu unserem 20-minütigen Gewaltmarsch aufzubrechen.

Aber bereits die gefühlten zehn Meter bis zum Waldrand entpuppen sich als schwierig. Zu dem lauten Wehklagen über die Ungerechtigkeit der Welt gesellt sich nun auch noch das demonstrativ gelangweilte Schlurfen der aufsässigen Kinder. „Vielleicht sollten wir ihnen noch Geißeln in die kleinen Hände drücken?", schlägt Helena vor, „um das Bild rund zu machen?!" Canossa muss ganz in der Nähe sein. Gemeinsam entwickeln wir diesen Gedanken noch ein wenig weiter. „Pie iesu domine, dona eis requiem." Wir lachen laut und gehässig, um unseren Kindern zu verdeutlichen, wie wenig uns ihr Verhalten anficht. Wir machen uns etwas vor. Diese Kinder wissen es ganz genau: Sie nagen an unseren Nerven. Es ist kein Spaziergang. Es ist eine Machtprobe. „Frisch, fromm, fröhlich, frei!" Einen Scheiß hat Turnvater Jahn gewusst.

Meine Motivationsfähigkeiten sind jetzt gefragt. „Hey, ihr lieben Kinderlein. Lust auf Geocaching?", brülle ich den Gören voller Enthusiasmus in die übellaunigen Gesichter und zücke mein Smartphone. „Papa, Geocaching is voll öde!" Sie haben recht. Geocaching ist voll öde. Ich hatte gehofft, sie wüssten das noch nicht. Aber irgendwo aus dem Nirgendwo grapscht Ida nach dem Smartphone. „Ok. Gib her!" Zack. Weg ist sie.

Nörgelnd zockelt der Rest weiter. Einzig Emil hat sich mit seinem Schicksal arrangiert. Er hat einen Stock gefunden. Ein schönes robustes Exemplar aus Vollholz. Gute deutsche Eiche. Ich bin froh darüber. Emil schwingt den Knüppel behände in Gesäßhöhe. Er verpasst seinen Schwestern die Tracht Prügel, die ich mir für die beiden sehnlichst gewünscht habe. Emil ist meine Exekutivmacht. Mein eigener Frank Castle. Ohne den Totenkopf auf der Brust.

Während sich die zerschundenen Geschwister bei uns beschweren, täuschen wir Hörstürze vor und gestikulieren orientierungslos in der Gegend herum. Sie nannten uns „bescheuert". Sie bekommen bescheuert. Auf dem Rückweg treffen wir Ida auf einer Bank am Wegesrand. Sie spielt Candy Crush auf meinem Handy. Als ich sie rüge, zuckt sie nur mit den Schultern und erklärt mir, dass Geocaching doch ziemlich öde wäre.

Ich stehe also an der Bushaltestelle und will gerade kleine Notlügen über unsere wahnsinnig süßen Kinder und unser grandioses Wochenende verbreiten, als Schul- und Kindergartenbusse vorfahren. Erstaunlich schnell schubsen die Mütter und Väter ihre Lina-Sophies und Tills in die öffentlichen Verkehrsmittel. Die Türen schließen sich, hydraulisch zischend, hinter unseren hochbegabten, hypersensiblen und hyperkinetischen Kindern. Als der Bus außer Sichtweite ist, atmen alle hörbar auf und ziehen beschwingten Schrittes von dannen. Es ist Montag und wir alle benötigen exakt fünf Tage, um Kraft für das nächste Wochenende zu tanken.

Dieses Buch entsteht seit Dezember 2015. Ich schreibe in Bussen, Zügen und U-Bahnen. In Abflughallen, Seminarräumen. Auf der Couch, im Bett und in Hotelzimmern, die vorgeben, mehr zu sein, als sie sind. Ich schreibe zwischen schwitzenden, fluchenden und traurigen Menschen. Ein paar Liebende sind auch dabei. Und ich schreibe morgens. Nach dem Frühstück. Wenn die Kinder längst tobend und kreischend davongestürmt sind und mich zwischen O-Saft-Pfützen, honigverschmierten Messern und Brötchenkrümeln zurückgelassen haben.

In den letzten Jahren hat sich vieles verändert. Die Kinder sind gewachsen. Ich bin gewachsen. Helena auch. Wir sind zusammen größer geworden. In alle Richtungen. In Höhe, Tiefe und Weite. Helena und ich sehen einander nicht mehr. Wir winken uns ab und an aus großer Entfernung zu. Fremdkörperliche Erfahrungen. Am Anfang stemmen wir uns gegen die traurige Entfernung. Dann werden wir langsam kraft- und lustloser. Wir trennen uns. In atemberaubendem Tempo reißen Helena und ich alle Brücken hinter uns ein und machen 14 Jahre Ehe dem Erdboden gleich. Wir sind gründlich.

Auf einmal hocke ich kopfschüttelnd in einem Trümmerfeld aus Tatsachen und muss alles neu umordnen. Fucking alles. Mich. Jede Beziehung. Jede Freund- und Bekanntschaft. Und die Vergangenheit ist auch wieder da, starrt mich an und will neu bewertet werden. Revisionismus und Inquisition – drinnen und draußen. Die peinliche Befragung beginnt. Hinter vorgehaltenen Händen und in grellem Rampenlicht. Glühende Blicke aus Unverständnis und Vorwürfen bohren sich tief in mein Alles. Was von außen in mich hineingetragen wird, verschwimmt mit meinem Gewissen. Eine Trennung? Ich bin kein guter Vater mehr. Und auch kein guter Mann. Wie konnte ich nur? Auch dieses Buch sitzt auf der Anklagebank. Darf ich diese Geschichten überhaupt noch erzählen, Euer Ehren? Darf es dieses Buch noch geben? Es darf.

Ich bin kein Übervater. Aber sicher auch kein unterirdisch Schlechter. Ich bin einfach einer und werde es bleiben. Meine Kinder haben mich dazu gemacht. Wir lieben einander und haben nicht aufgehört zu sein, auch wenn die Welt für uns alle ins Wanken gerät. Vielleicht ist dieses Buch auch deshalb entstanden: weil wir trotz der Trennung untrennbar sind. Weil es mich als Vater noch gibt. Weil es meine Kinder als Kinder noch gibt.

So wie es euch gibt. So wie es eure Kinder gibt. Eure Familien. Ein Gewirr aus schönen und unschönen Fragen und Antworten, aus Horizonten und Sackgassen. Mit ohne Rosa. Mit ohne Flausch.

Lieber echt als schön.

edition dreiklein

Impressum:

www.dreiklein.de
info@dreiklein.de

Lektorat: Jörg Siefke-Bremkens
Cover: Marion Hartlieb

Druck und Herstellung:
BOD – Books On Demand, Norderstedt

ISBN: 978-3-9817281-8-7